KB133145

한국외국어대학교 국제지역연구센터
HK+국가전략사업단 지역인문학 총서 **2**

북방연구 시리즈: 우리에게 북방은 무엇인가

대한민국은 왜
북방을 꿈꾸는가?

북방정책: 대북정책에서
국가전략까지

정기웅

현 한국외국어대학교 국제지역연구센터 HK교수
현 한국외국어대학교 국제지역연구센터 HK+국가전략사업단 부단장
정기웅은 한국외국어대학교 정치외교학과를 졸업하였다. Robert D. Putnam
의 투-레벨 게임의 확장적 해석인 투-페이스 게임을 활용한 미·북 핵 협상
과정 분석으로 동대학 대학원에서 정치학 박사학위를 취득하였다. 미네르바정치학
회 회장, 글로벌교육연구학회 회장, 스포츠정치외교연구회 회장 등을 역임하였으
며, 한국정경연구소 책임연구원, PRIO (Peace Research Institute Oslo) Guest Res-
earcher, 경희대 객원교수, 명지대 객원교수, 한림국제대학원대학교 초빙교수로 재
직한 바 있다. 전공분야는 국제정치이고, 연구 관심분야는 국제협력/협상, 통일/남
북관계, 스포츠 정치/외교 등이다. 저서로는 『스포츠 외교의 신화: 성공과 실패, 그
리고 그 밖의 이야기들』, 『투-레벨 게임에 대한 새로운 모색』등이 있다.

E-mail: jgw@hufs.ac.kr

대한민국은 왜 북방을 꿈꾸는가?
북방정책: 대북정책에서 국가전략까지

초판인쇄   2021년 12월 31일
초판발행   2021년 12월 31일

지은이   정기웅
펴낸이   채종준
펴낸곳   한국학술정보㈜
주 소   경기도 파주시 회동길 230(문발동)
전 화   031) 908-3181(대표)
팩 스   031) 908-3189
홈페이지   http://ebook.kstudy.com
E-mail   출판사업부 publish@kstudy.com
출판신고   2003년 9월25일 제406-2003-000012호

ISBN   979-11-6801-313-1 94340
ISBN(세트)   979-11-6801-311-7 (전 10권)

한국외국어대학교 국제지역연구센터 ❷
HK+국가전략사업단 지역인문학 총서
북방연구 시리즈: 우리에게 북방은 무엇인가

대한민국은 왜
북방을 꿈꾸는가?

북방정책: 대북정책에서
국가전략까지

정기웅 지음

본서는 2021년 2월 2일부터 3월 23일까지 8주에 걸쳐 매주 화요일 디지털타임스에 연재된 내용들을 정리한 것임을 밝힙니다.

이 책은 2020년 대한민국 교육부와 한국연구재단의 지원을 받아 수행된 연구임(NRF-2020S1A6A3A04064633)

북방연구 시리즈:
우리에게 북방은 무엇인가?

본 북방연구 시리즈는 한국외국어대학교 국제지역연구센터 HK+국가전략사업단의 "초국적 협력과 소통의 모색: 통일 환경 조성을 위한 북방 문화 접점 확인과 문화 허브의 구축"이라는 아젠다의 2년차 연구 성과를 담고 있다. 총 10권의 책들로 구성되어 있는 시리즈는 아젠다 소주제의 하나인 '우리에게 북방은 무엇인가'라는 질문에 대한 연구진의 답변으로, 2021년 한 해 동안 일간 디지털타임스에 매주 '북방문화와 맥을 잇다'라는 주제로 연재됐던 칼럼들을 기초로 작성되었으며 아래 세 가지에 주안점을 두고 집필하였다.

첫째, 간결하고 평이한 문체를 사용하고자 노력하였다. 사업단의 연구내용을 관련 분야에 종사하는 연구자 및 전문가는 물론 일반대중과 학생들도 쉽게 읽고 이해할 수 있기를 바란다.

둘째, '우리에게 북방은 무엇인가?'라는 질문에 답하는 과정에서 가능한 다양한 시각을 포괄하고자 노력하였다. 정치와 외교, 국가전략, 지리, 역사, 문화 등 다양한 입장에서 살펴본 북방의 의미를 독자 대중이 쉽게 이해할 수 있기를 바란다.

셋째, 통일이라는 목적성을 견지하면서 북방과의 초국적 협력 및 소통이 종국적으로 한반도와 통일 환경에 미칠 영향에 대해 다양한 시각으로 접근하였다.

통일은 남과 북의 합의는 물론 주변국과 국제사회의 협력이 필수적인 지극히 국제적인 문제다. 그리고 북방과의 관계 진전은 성공적인 통일 환경 조성에 필수적 요소다. 본 시리즈가 북방과의 초국적 협력을 통한 한반도 통일 환경 조성에 미약하나마 기여할 수 있기를 기대한다.

2021년 12월

집필진을 대표하여

HK+국가전략사업단장 강준영

목차

01

대한민국은 왜

북방을 꿈꾸는가?

본 총서의 준비과정에서 HK+국가전략사업단이 택한 2021년 연구의 대주제는 '북방의 정체성'이다. 즉 '북방은 우리에게 어떤 의미이며, 우리가 생각하는 북방은 어떠한 것인가'라는 질문에 대한 답변의 모색이다. 이를 위해서는 북방과 관련한 다양한 주제들이 다루어질 필요가 있다.

　　HK+국가전략사업단의 연구진들은 북방과 관련하여 '외교, 문화, 안보, 역사, 도시' 등에 관한 다양한 연구를 진행하였다. 필자가 담당하고 있는 것은 '외교' 분야이며, 북방과 관련된 한국 외교의 여러 모습들을 이야기하고자 한다.

　　세 가지 질문을 제기하고 그에 답함으로써 향후 전개될 논의의 초점을 명확히 하고자 한다. 가장 먼저 던지고자 하는 질문은 '북방이란 무엇인가?'이다. 독자 여러분께서는 '북방'이라는 단어를 들을 때 '어떤 생각' 혹은 '무엇'을 떠올리시는가?

가장 단순하게는 지리적 방향성으로서의 북쪽을 지칭하는 용어로 사용하는 경우를 생각할 수 있다. 이 경우 북방은 북쪽, 그 이상도 이하도 아니다. 역학에서는 북쪽 방향으로 해자축(亥子丑)의 방위를 지칭한다. 해(亥)는 정북보다 약간 서쪽의 방위를 관장하고, 자(子)는 정북을 관장하고, 축(丑)은 정북보다 약간 동쪽의 방위를 관장한다. 곧 정북을 중심으로 하여 각각 30도씩의 방위의 범위를 북방이라고 지칭한다.

지리·역학적 개념에 더하여 정책적 개념으로서의 북방을 생각해 볼 수 있다. 우리에게 매우 익숙한 '북방정책' 혹은 '신북방정책' 할 때의 북방이다. '정책'과 결합되었을 때의 '북방'은 좀 더 복합적인 의미를 가지며, 노태우 정부 시기 '북방정책'의 출범 이후 정책용어로서의 '북방'이 의미하는 바는 꾸준히 변해 왔다고 볼 수 있다.

정부의 용어를 살펴보자. 북방정책의 태동기에 국립외교원의 전신인 외교안보연구원은 "북방외교는 한국 북쪽에 있는 소련, 중국, 북한과 ① 개별적으로 ② 2개국과 동시에 ③ 혹은 중·소·북한과 동시에 관계개선을 구하는 외교정책과 외교행위를 뜻함"이라고 정의하였다. 이때의 북방은 중국과 소련, 북한을 지칭하는 매우 한정적인 의미로 사용되고 있음을 알 수 있다.

한 세대가 지난 2017년의 북방은 훨씬 많은 국가, 넓은 지역을 지칭한다. '신북방정책'은 문재인정부의 100대 국정과제 중 하나인 '동북아플러스 책임공동체 형성'의 한 부분이다. 신북방정책의 주요 추진주체라고 할 수 있는 북방경제협력위원회가 규정하고 있는 신북방대상 국가는 '러시아, 몰도바, 몽골, 벨라루스, 아르메니아, 아제르바이잔, 우즈베키스탄, 우크라이나, 조지아, 중국(동북3성), 카자흐스탄, 키르기스스탄, 타지키스탄, 투르크메니스탄(가나다 순)'의 14개국이며, 정책목표로 제시된 16대 중점과제는 '초국경 경제협력 추진에서 다각적인 외교협력 기반 조성'에 이르기까지 매우 다양한 분야를 아우르고 있다. 대상 국가가 확대되었을 뿐만 아니라 정책의 목적성에 있어서도 많은 변화가 있었음을 알 수 있다.

1988년이나 2017년의 두 경우 모두 '북방'의 대상이 무엇인지, '정책'을 통해 무엇을 이루고자 하는지 밝히고 있지만, '북방정책'이라는 용어에서 사용되는 '북방'

과 '정책'이라는 단어가 어떤 공간적 확정성과 정책적 완결성을 갖는다고 규정짓는 것은 적절치 않을 것 같다. 그것은 우리가 사용해온 '북방'이라는 단어가 매우 다양한 의미를 갖기 때문이며, '정책'과의 결합은 이를 더욱 복잡하게 만들기 때문이다. '북방'은 지리적으로 북쪽에 위치한 국가들을 가리키기도 하고, 북한과 관계 있는 국가들을 가리키기도 하며, 구 공산권 국가들을 지칭하거나, 한반도 북쪽의 모든 땅들, 즉 중국과 러시아는 물론 저 멀리 중앙아시아와 동유럽까지를 포함하기도 한다. 북방과 결합한 '정책'은 외교, 안보, 통일, 경제, 문화의 다양한 영역을 포괄한다. 이 중 어느 어느 특정한 지역, 특정한 목적만을 '북방' 혹은 '정책'으로 규정하기에는 '북방정책'이 갖는 함의가 너무 크고, 전술한 모든 것을 타 포괄하기에는 우리의 현실적 역량이 미치지 못한다는 어려움이 있다.

이러한 어려움은 우리에게 북방이 무척이나 익숙하지만, 그럼에도 불구하고 어렴풋한 것이고 희미한 것일 뿐, 구체적이고 손에 잡히는 것이 아니기 때문일 것이다. 북방과 북방정책이란 우리가 어렴풋이 이해하는 확립되지 않은 개념이고, 달성하고자 하는 목표이

대한민국은 왜 북방을 꿈꾸는가?

며, 바라보는 비전이지만, 아직 어떤 구체적 실체로서 우리 곁에 머무르고 있는 것 같지는 않다.

결국 '북방정책'의 규정은 인식의 문제로 연결될 수밖에 없다. 많은 유의미한 저작을 남긴 정치이론가 한나 아렌트(Hannah Arendt; 많은 사람들이 아렌트를 정치 철학자로 기억하고 있기도 하지만, 아렌트 본인은 자신을 정치 철학자로 부르는 것을 거절했으며, 스스로를 정치 이론가로 지칭하였다.)는 "어느 것이 나타나는 한 그것은 단일의 형태로 존재할 수 없으며, 모든 것은 누군가에 의해 지각되기 마련"이라고 주장하였다.

북방을 규정함에 있어 아렌트의 방식을 빌려 쓰자면 북방이란 '인식의 맥락에서 우리가 규정하는 공간'이며 이 '규정된 공간'은 단일의 형태로 존재하지 않는 동시에 우리의 행동을 구속한다고 말할 수 있을 것이다. 즉 북방정책 및 그와 관련된 연구에서 의미하는 '북방'이란 지리적으로 고정된 어떤 공간이라기보다는 '화자의 목적과 의도, 연관된 의제 및 이슈'에 따라 그 의미가 구성되고 변화되어 온 복합적이고 중층적인 '상상의(imagined)' 영역이다. 또한 정책과 결합했을 때 그 의미는 더욱 다양한 함의를 갖게 되고, 매우 '가변

적(variable)'이며 '구성적(constructive)'인 성격을 갖는다고 이해하는 것이 보다 적확할 것이라 생각한다. 이를 과도하게 단순화시켜 이야기하자면 '북방'과 '북방정책'은 결국 생각하는 사람 마음이라는 것이다. 이 기획을 진행하는 동안 우리는 이러한 상상으로서의 북방을 실체화할 수 있기를 기대한다.

다음으로 던지고자 하는 질문은 '그렇다면 우리는 왜 북방을 꿈꾸는가?'이다. 북방과 북방정책은 왜 우리에게 익숙한 용어가 되었는가? 우리는 왜 북방이라는 말을 들으면 왠지 가슴이 설레고 웅대해지며 격정적이 되는 것일까? 북방을 향한 우리의 지향성은 어디에 기인한 것인가? 필자는 북방을 향한 우리의 갈망과 지향성의 근원으로서 세 가지를 제시할 수 있다고 생각한다.

무엇보다도 먼저 '북방'에 대한 우리의 근원적 그리움을 들 수 있다. '북방을 꿈꾸다'는 표현은 우리에게 매우 익숙하다. 신채호의 '조선상고사'가 보여주는 상고시대 한국사의 웅혼한 모습에서부터 '지난날 강가에서 말 달리던 선구자'로 연결되어지는 잃어버린 고토에 대한 향수, 그리고 대륙에 대한 갈망이 우리 가슴 깊은 곳에 자리하고 있음을 부인할 수 없다. 이러한 접근은 과거에 기반을 둔 것이다. 역사적 기록에 근거한 그리움의 투사로서 잃어버린 고토(古土)에 대한 향수와 우리 핏속에 흐르고 있다고 주장되어지곤 하는, 혹은 그렇게 믿고 있는, 북방 DNA의 존재가 우리로 하여금 북방을 꿈꾸게 한다.

둘째는 현재적이며 현실적 관점에서의 북방에 대한 갈망이다. 2021년 현재, 한국 사람과 한국제품은 전 세계 어느 곳에서나 찾을 수 있다. 전쟁의 폐허를 딛고 일어난 우리 경제활동의 영토는 미주대륙을 시발로 유럽과 중남미를 거쳐 중동과 아시아까지 전 세계에 걸쳐 있다. 그 중 상대적으로 미약하다고 여겨지는 북방으로까지 우리의 경제영토를 확장함으로써 잃어버린 고토에 대한 향수를 달래고 현재의 경제영토를 넓히고자 하는 열망이다.

셋째는 미래를 꿈꾸는 이상주의적 관점에서 통일에 대한 희구와 다시 하나 된 한민족에 대한 소망이다. "우리의 소원은 통일"이라는 말이 흘러간 관용구처럼 취급되어지는 오늘날이지만, 언젠가 우리는 통일된 한반도에서 함께 살게 될 것이며, 통일과 그 이후를 위해서 북방과의 협력이 필수적이라는 믿음이 존재한다.

중국과 러시아의 협조 없는 통일이란 불가능 하다는 사실을 부인하기 힘들 뿐 아니라, 통일 이후의 안정된 국가, 평화로운 한반도와 동북아, 그리고 홍익인간의 꿈을 펼치기 위해서 북방과의 협력은 필수적이다.

"과거는 기억을 통해 현재에 재현되고, 미래는 기대를 통해 우리의 삶에 현재화된다." 북방에 대한 우리의 갈망은 과거와 현재, 그리고 미래의 세 측면을 모두 포괄하고 있다. 대륙을 말달리던 활달한 기상과 호방함이 현재 우리가 이룩한 경제적 성장과 세계적 존재감으로 재현되었으며, 다시 하나 된 한민족과 한반도에 대한 기대가 우리로 하여금 북방을 꿈꾸게 하고 있는 것이다.

마지막으로 던지는 질문은 '꿈은 실현될 것인가?'이다. 앞서 던진 두 개의 질문, '북방이란 무엇인가?'와 '우리는 왜 북방을 꿈꾸는가?'에 대한 답에서 찾을 수 있듯이 우리는 각자의 방식으로 북방을 꿈꾼다. 그 꿈은 경제적 번영일 수도 있고, 통일일 수도 있으며, 한류의 융성을 통한 문화영토의 확장일 수도 있다. 우리가 꿈꾸는 북방이 실현될 수 있을 것인가에 대한 답은 쉽지 않다. 하지만 한 가지 확실한 것은 지금의 우리가 '꿈은 실현 된다'라는 믿음을 갖고 그것을 현실화 시키기 위해 노력하고 있다는 것이다.

우리가 이러한 꿈의 실현에 대한 믿음을 가질 수 있는 것은 무엇보다도 우리 국가와 민족의 힘과 위상이 달라 졌기 때문이다. 가까운 과거, 우리 민족은 원치 않는 식 민의 시절을 견뎌내야 했고, 광복 이후에는 분단과 전쟁 을 겪어야 했다. 전쟁의 폐허 속에 내동댕이쳐진 국민은 헐벗고 가난했으며 우리 국가의 위상은 말 그대로 '약하 고 작은 나라, 약소국' 그 이상도 그 이하도 아니었다. 그 러나 이제 누구도 더 이상 우리를 '약소국'이라고 부르지 않는다. 우리 스스로의 의식과 비전 또한 그 너머에 있다. 이제 우리에게 훨씬 익숙한 표현은 중견국이다. 중견국 외교, 소프트파워, 중강국, 작지만 강한 나라, 가치외교... 이제 우리는 우리 스스로를 이렇게 부를 뿐만 아니라 타 자의 인식 또한 그러하다. 이러한 인식과 위상의 변화에 따라 우리의 목표점과 비전 또한 달라질 수밖에 없다. 우리는 이제 통일 한반도와 그 너머를 향한 거대한 비전 (Grand Vision)을 갖고 이를 현실화시키기 위한 대전략(G rand Strategy)을 준비할 필요가 있다. 그것은 우리가 지금 까지 걸어온, 그리고 앞으로 걸어갈 북방에의 길 위에서

딛는 통일 그 너머를 향한 한 걸음으로부터 시작될 것이다. 우리 모두 함께 그 오롯한 한 걸음을 내딛어야 할 때다.

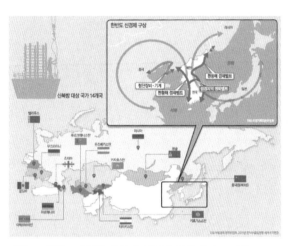

그림 1. 한반도 신경제 구상과 신북방 대상 국가 14개국
(출처) 디지털타임스

분단의 섬을 넘어 광활한 대륙으로

본문에 언급했듯이 북방의 지리적 규정은 북쪽이다. 그러나 우리가 사용하는 북방은 단순히 북쪽만을 의미하지는 않는다. 지도를 보면 쉽게 알 수 있듯이 문재인 정부의 신북방정책에서 신북방 대상국가에 속하는 국가들 대부분은 우리의 북쪽이 아닌 서쪽에 자리 잡고 있다. 즉 우리가 사용하는 북방은 지리적 개념이 아니라 정책적 개념이라는 것을 인지해야 한다. 마치 국제정치에서 남북문제(남반구와 북반구 간의 경제적 격차에 따른 정치·외교적인 문제를 일컫는 용어)를 논할 때 지리적으로 남반구에 위치해 있는 호주와 뉴질랜드를 북반구 국가로 취급하는 것과 마찬가지다.

정책적 개념으로서의 북방의 의미는 무엇인가? 정책적 개념으로서의 북방이란 한반도를 벗어난 유라시아 대륙 전체를 의미한다고 할 수 있다. 왜 그러한가? 우리 국가의 지도에 답이 있다. 우리는 현재 휴전선으로 분단되어 있으며, 반도에서 태어났지만, 반도가 아닌 섬에서 살고 있는 것과 마찬가지다. 즉 휴전 이후 대한민국에 태어난 세대는 반도가 아닌 섬에서 나고 자란 것이다. 이러한 인식은 부지불식간에 우리의 의식 깊숙한 곳에 자리 잡고 있다. 한 예로서 우리는 다른 나라를 여행해보기 전까지는 국경선을 경험하지 못한다. 일상에서 쓰는 용어도 국외(國外)여행이 아닌 해외(海外)여행이다. 즉 나라 밖으로 나가기 위해서는 땅이 아닌 바다나 하늘을 통해야 가능하다는 것이다. 이러한 지리적 한정성이 우리로 하여금 땅을 통한 타국으로의 진출, 즉 저 넓은 유라시아 대륙으로의 육로를 통한 진출을 꿈꾸게 하고 있는 것이며, 그런 의미에서 우리에게 북방이란 이 땅 한반도에서 출발하여 땅을 딛고 갈 수 있는 모든 곳이라고 이야기할 수 있을 것이다.

북방정책의 탄생 -

통일에의 열망인가, 국가발전의 전략인가?

제1장에서 '북방이란 무엇인가? 우리는 왜 북방을 꿈꾸는가? 꿈은 이루어질 것인가?'라는 질문에 답하였다. 우리 각자는 나름의 방식으로 북방을 정의하고 꿈꾸며, 이 꿈은 언젠가는 이루어질 것이라 믿는다. 노태우 정부 시기 등장한 '북방정책'은 꿈의 현실화를 위한 국가적 차원의 노력이 가시화된 것이라고 볼 수 있다.

　물론 북방정책의 기원을 찾아 거슬러 올라가다보면 1973년 비적성국가에 한하여 대공산권 문호개방을 천명한 '6·23 선언'과 1983년 6월 29일 이범석 외무장관의 국방대학원 강연에서 언급된 '북방외교'를 만날 수 있다. 이를 감안한다면 북방정책을 노태우 정부의 독창적 착상이라고 보기는 힘들다. 그러나 북방정책이 실질적으로 작동하고 주목받게 된 것은 노태우 정부 시기였다는 점은 부인할 수 없다.

1988년 2월 25일, 노태우 대통령은 취임사에서 "우리와 교류가 없던 저 **대륙국가**에도 국제협력의 통로를 넓게 하여 북방외교를 활발히 전개할 것"을 선언하였고, 이후 헝가리를 필두로 공산권과의 외교정상화를 연달아 성공시킴으로써 북방정책은 우리 역사 속에 화려하게 등장하였다(1장의 내용을 참조하시면 노태우 대통령의 '대륙국가'라는 표현과 공산국가 중 첫 번째로 외교를 정상화시킨 국가가 헝가리라는 사실에서 우리가 사용하는 '북방'의 정책적 의미를 반추하실 수 있을 것이다).

그러나 중·소와의 수교로 그 절정에 달했던 북방정책은 노태우 정부가 물러나고 김영삼 정부가 들어서면서 그 존재감이 희미해졌다. 특히 1993년 3월 12일, 북한의 NPT 탈퇴선언으로 촉발된 한반도 위기 상황은 북방정책의 화려했던 영광을 블랙홀처럼 빨아들임으로써 북방정책이라는 용어자체가 사라지게 된다.

북방정책이 다시 등장한 것은 문재인 정부 들어서이다. 문 대통령은 2017년 6월 26일 북방경제를 주관하기 위한 위원회 설립을 지시하였고, 동년 8월 '북방경제협력위원회'가 출범하였다. 동년 9월 7일 러시아 블라디보스토크에서 개최된 제3차 동방경제포럼에 참석

한 문 대통령은 기조연설을 통해 '신북방정책' 구상을 제시하였다. 1987년 민주화와 냉전의 붕괴에 힘입어 등장하였던 북방정책이 한 세대 이후 '신북방정책'이라는 이름으로 재탄생한 것이다.

'(신)북방정책'이라는 명칭이 공식적 정책용어로서 사용된 것은 노태우 정부와 문재인 정부에서이지만, 다른 정부들에서도 동일한 명칭이 사용되지 않았을 뿐, 한국 외교정책의 역사 속에서 북방에의 지향성은 면면부절 존재해 왔다. 특히 1987년 민주화 이후 출범한 역대 정부들은 추구하는 정책의 방향성을 특정한 어휘로 천명해 왔는데, 각자의 독특성 속에서도 한 가지 변하지 않는 것은 어떠한 형태로든 북방에 대한 지향성이 포함되어 있었다는 것이다.

그렇다면 북방정책은 언제, 어떻게 탄생하였으며, 어떤 의미를 갖는가? 이에 답함으로써 북방정책의 정체성에 관해 생각해보자. 북방정책은 본질적으로 외교정책의 한 갈래라고 할 수 있을 것이다. 국제정치이론에서 한 나라의 외교정책에 관하여 분석할 때, 매우 다양한 방법이 사용되지만, 그 분석 수준에 있어서는 국제체제수준, 국가·사회수준, 정책결정자(혹은 정책결정자 집단) 수준의 세 가지(혹은 네 가지) 분석수준이 빈번히 사용된다.

그림 2. 외교정책결정과정과 분석의 수준 (출처) 필자 구성

이 중 어떠한 분석수준을 선택하는가는 '분석의 대상이 처한 시기적 상황' 및 '분석의 주체가 갖는 시각'과 밀접한 관련을 갖는다. 국제정치의 주된 분석 시각 중 하나인 현실주의적 접근의 경우 주로 환경이 국가에 부과하는 제약과 기회에 집중하는데, 단일한 행위자로서의 국가에 주목하는 동시에 어떤 결정에 대한 '밖에서 안'으로의 설명에 중점을 둔다. 즉, 국제체제가 국가의 행위에 어떠한 영향을 미치는지를 주로 이야기 하는데, 냉전기 외교정책 연구들은 주로 현실주

의적 시각을 차용했다. 이는 한국외교정책을 설명할 때 가장 자주 사용되는 방법이기도 하다.

한국 외교정책은 대개 세 가지 제약요건 속에서 결정되어진다고 이야기한다. 첫째, 분단 상황과 세계질서의 변화를 포함한 한반도의 지정학적 여건 및 주변국과 비교한 한국의 상대적 국력; 둘째, 한국의 정치적 상황과 사회적 요구; 셋째, 정책결정자가 갖는 상황인식 및 국가목표 등이다. 상기한 분석의 수준을 빌려 이야기하자면 체계수준, 국가수준, 정책결정자 수준의 세 가지 차원이라고 할 수 있다. 이 세 가지가 서로 뒤얽혀 한국의 외교정책을 결정해왔다고 볼 수 있는데, 우리 역사 속에서 가장 오래도록, 그리고 큰 영향을 미친 것은 체계적 수준의 제약이다.

한반도는 그 지정학적 위치로 말미암아 국제정세의 영향을 크게 받아온 땅이다. 그리고 그러한 국제정세의 영향은 긍정적인 경우보다는 부정적인 경우가 훨씬 많았다. 특히 20세기 초반, 우리가 결코 원치 않았음에도 경험해야 했던 식민의 시절, 해방과 분단, 전쟁과 휴전, 분단의 고착화는 체계적 수준의 영향을 배제하고는 설명하기 힘들다.

따라서 체계수준의 변화는 한국 외교정책의 변화와

직결된다. 핑퐁외교로 가시화된 미·중 화해무드와 세계적 데탕트는 '7·4 남북공동성명'과 '6·23선언'을 낳았고, 1980년대 후반 진행된 탈냉전의 움직임과 화해·협력의 조류는 북방정책의 결정적 계기를 제공하였다. 냉전적 적대구조로부터의 탈출을 꿈꾸면서 한국정부는 1988년 7월 7일 '민족자존과 통일번영을 위한 대통령 특별선언' 즉 소위 '7·7선언'을 발표하고 민족공동체로서의 남북이라는 인식 하에 남북관계의 획기적 개선을 추구하게 된다. 북방정책의 탄생이다.

북방정책의 등장은 휴전 이후 한 세대에 이르는 기간 동안 냉전적 양극구조에 종속되어 고정된 방향과 제한된 범위를 벗어나지 못하고 있던 한국외교가 일대 전환점을 맞게 되었음을 의미한다. 탈냉전으로 상징되는 신국제질서의 도래는 한국외교가 피동성과 체계종속성을 떨치고 일어나 방향과 범위를 재설정 할 수 있는 기회를 제공하였고, 우리는 이 기회를 적극 활용하고자 하였다. 북방정책은 특히 한·미동맹으로 상징되는 한국외교 중심축의 변화가능성을 제시하였다.

　　　　　　　대한민국은 왜 북방을 꿈꾸는가?

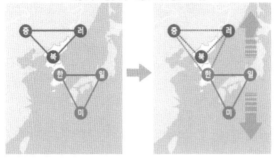

그림 3. 북방3각 VS 남방3각의 대립구조에서 공존과 확장으로
(출처) 디지털타임스

   냉전시대 동북아의 안보구조는 흔히 한·미·일의
남방3각과 북·중·러의 북방3각의 대치구조로 설명되
곤 했다. 그러나 탈냉전과 함께 한국이 중·러와 외교
관계를 정상화함으로써 과거의 대립구조를 벗어나 공
존의 길을 모색할 수 있게 되었고, 한국의 활동반경은
확장되었다.

그림 4. 동북아시아 안보구조(동북아시아의 안보환경)
(출처) 디지털타임스

한국 외교의 활동 영역을 확장시켰을 뿐만 아니라 그 자주성과 능동성을 크게 자극하였던 북방정책은 등장 이후 꾸준한 변화의 모습을 보인다. 필자의 견해로는 대략 세 가지 성격이 중층적으로 존재하는 것 같다. 그것은 '통일정책, 외교·안보정책, 그리고 국가전략'으로서의 모습이며, 이들은 서로 독립적이기보다는 상호의존적인 동시에 복합적/중층적으로 존재한다. ('국가 목표 달성을 위한 다양한 전략들'을 통칭하여 국가전략이라고 부른다. 이런 맥락을 따른다면 통일정책이나 외교·안보정책도 국가전략의 일부라고 볼 수 있다. 이 글에서의 '국가전략'은 '통일/외교·안보정책을 포함하는 동시에 북방이라는 지리적 목표를 명확히 하는 지전략(geostrategy)이자 경제전략'이며, 북방정책이 확대·발전되었다는 점을 강조하기 위해 통일/외교·안보정책과 구분하여 사용되고 있다.) 즉 통일정책과 외교·안보정책, 그리고 국가전략의 세 가지 특성들이 결합하여 '북방정책'이라는 하나의 범주를 구성하고 있는 것이다.

그림 5. 북방정책의 정체성 (출처) 필자 구성

북방정책 등장 초기에는 통일정책과 외교·안보정책

으로서의 특성이 강조되었으며, 북방외교라는 용어가 빈번히 사용되었다. 외무부(1992)는 "국제질서와 한반도 주변정세의 변화를 능동적으로 활용하며 한반도 안보 환경을 개선시켜 새로운 남북관계를 설정할 목적 하에 북방정책을 본격적으로 추진하기 시작했다"고 밝히고 있으며, 공보처(1992)는 "북방 사회주의 제국과의 관계 정상화를 통하여 종래 서방국가만을 대상으로 하였던 한국외교를 전방위 외교로 광역화시키는 것"이라는 목 적을 제시하고 있다.

전웅(1993) 교수는 북방정책과 북방외교를 결합한 북 방외교정책이라는 표현을 사용하면서 "남북한 간의 평화 정착과 평화적 통일을 위한 원교근공의 전략이고 간접접 근 전략으로서 북한을 협상테이블로 끌어내려는 포위·압 력 전략"이라고 규정한다. 여기서는 통일정책으로서의 모습이 강조되고 있다.

김태현(1998) 교수는 북방외교는 "북한을 고립시키고 약화시킴으로써 우리의 안보를 도모하는 국가안보전략 의 성격이 아닌 북한과의 관계개선을 통해 통일의 기 반을 조성하는, 즉 위협을 직접적으로 관리하는 국제안 보전략의 성격"을 갖는다고 말하면서, 북방정책의 통일정책이자 외교·안보 정책으로서의 특징에 주목한다.

전재성(2003) 교수는 북방정책의 목표를 "한반도의 평화정착과 평화적 통일기반 조성, 소련, 중국, 기타 동구권 국가들과의 관계개선을 통한 외교영역 확대와 국제적 지지기반 확충, 경제적 진출과 자원공급원 확보를 통한 국가이익의 추구" 등으로 규정하였다. 시간의 흐름에 따라 북방정책에 대한 설명의 뉘앙스가 조금씩 바뀌며, 지금에 가까울수록 북방정책을 국가전략으로서 파악하는 경향이 강해짐을 알 수 있다.

현재에 이르러, 문재인 정부의 신북방정책에서는 국가전략으로서의 모습이 두드러지게 부각된다. "신북방정책은 평화를 기반으로 유라시아 국가와의 협력을 강화하는 대륙전략이다. 남·북·러 3각 협력 추진기반을 마련하고 한-EAEU(유라시아경제연합)간 FTA 추진과 중국 '일대일로' 구상 참여 등을 통해 동북아 주요국 간 다자협력을 제도화하고 나아가 한반도·유라시아 지역을 연계해 나가는 정책이다." 여기서 통일은 찾기 힘들다. 대신 '평화와 번영을 위한 국가전략'이 자리하고 있을 뿐이다.

이처럼 시간의 흐름과 주변 환경의 변화에 따라 북

방정책의 목적성 또한 변화해 왔으며, 이와 같은 변화 가능성과 복합성이 북방정책의 정체성을 구성하는 중심적 요소로서 작동하고 있다. 이어질 장들에서는 이러한 변화의 모습을 꾸준히 추적할 것이며, 다음 장에서는 김대중 정부의 '철의 실크로드'와 노무현 정부의 '동북아 이니셔티브' 등에 관해 이야기할 것이다.

북방정책 또는 북방외교란 용어는 언제부터 사용되기 시작하였는가?

북방정책이라는 용어를 처음에 누가 어디서 사용하였는가에 대해서는 확실한 기록이 없지만, 1973년 한국이 6·23선언으로 대공산권 문호개방정책을 채택한 이후라고 보는 견해가 지배적이다. 학계에서는 6·23선언이 한국의 북쪽에 있는 중국과 소련을 지칭한다고 생각하고 서독의 동방정책(ostpolitik)을 연상해서 북방정책(nordpolitik)이라고 명명한 것으로 파악하고 있다. 문헌을 검토해보면, 1974년 각종 간행물에 한국의 중·소관계 문제와 관련하여 학자들이 사용하기 시작하였다는 것을 알 수 있다.

1983년 6월 29일 이범석 외무장관은 국방대학원에서 '선진국의 창조를 위한 외교과제'란 제목으로 행한 강연에서 '북방정책'을 한국외교의 중요과제로 제시하였다. 사실 이범석 장관은 강연에서 명확하게 '북방정책'이라는 표현을 사용하지는 않았지만, 그가 강의 청취자에게 배포한 연설문에 '북방정책'이라는 단어가 포함되어 있었기에 '북방정책'이라는 용어가 정부에 의해 공식적으로 사용된 첫 번째 행사로 간주하고 있다. 이범석 장관은 이 연설에서

대한민국은 왜 북방을 꿈꾸는가?

"앞으로 우리 외교가 풀어나가야 할 최고 과제는 소련 및 중공과의 관계를 정상화하는 북방정책의 실현에 있다."고 말하였으며, 서울신문과의 인터뷰에서 "북방정책이란 표현은 그동안 써왔던 대(對)공산권 정책이란 말과 거의 같으나 공산권이란 용어가 국제사회의 변화에 따라 부적절한 측면도 있고 불필요한 자극적 요소가 있어 이를 피하기 위해 쓴 것이다."라고 밝힌 바 있다.

북방으로 가는 기차는
철의 실크로드를 타고 달린다

제2장에서는 북방정책의 탄생과 정체성에 대해 이야기했다. 북방정책의 추진은 한국외교가 새로운 도약의 계기를 놓치지 않고 이를 적극 활용함으로써 고정된 방향과 제한된 범위를 벗어나 전방위 외교 시대에 진입하였음을 의미한다.

　북방정책 이전 한국 외교의 방향성은 매우 단순한 인지적 일관성에 의해 지배당했다. '친구의 친구는 친구, 친구의 적은 적, 적의 친구는 적, 적의 적은 친구' 라는 단순한 계산법이다. 즉 '소련은 나의 친구인 미국의 적이니 나에게도 적'이며, '중국은 나의 적인 북한의 친구이니 나에게도 적'이라는 논리다. 그러나 북방정책의 추진과 함께 이러한 단순 논리는 더 이상 적용되기 힘들게 되었으며, 세계화의 진전으로 인한 복합적 상호의존의 급속한 증가는 적과 친구의 경계를 더욱 모호하게 만들었다. 북방정책은 이러한 시대적 변화에 대한 응답으로서 탄생하였고, 북한은 이제 더 이상 적대적 상대가 아니라 평화와 통일 문제에 있어 '동반자'로서 인식되기 시작하였다.

동구가 무너지고 소련이 해체되던 당시의 분위기와 남북한 유엔 동시가입(1991년 9월), 남북기본합의서 체결(1991년 12월), 한반도 비핵화 공동선언(1992년 1월) 등 남북 간에 발생한 일련의 사건들은 통일도 그리 멀지 않은 미래의 일일 것이라는 기대를 안겨 주었다. 그러나 우리는 급속한 변화와 화해의 분위기에 매몰되어 탈냉전과 공산권의 몰락에 대한 북한의 두려움과 대응을 과소평가하는 우를 범했다. 공세적인 한국의 외교정책에 소극적으로 반응하던 북한의 반격은 노태우 정부 퇴진 후 김영삼 정부 등장과 함께 시작되었다.

신한국 창조를 기치로 내걸었던 김영삼 대통령은 1993년 2월 25일 취임사에서 "어느 동맹국도 민족보다 더 나을 수는 없습니다."라고 선언하면서 북한과의 관계 증진에 대한 강력한 의지를 천명하였다. 그러나 불과 2주일 뒤, 장기수 리인모의 북송발표 다음날 북한은 핵확산금지조약(NPT) 탈퇴를 선언하고 나섬으로써 한국에게 말 그대로 '핵 펀치'를 날렸다. 북한의 핵 협박은 매우 효과적으로 작동하여 북한이 그토록 오랜 시간 소망했으나 이루지 못하고 있었던 미국과의 직접대화를 이끌어 냈으며, 한반도 문제 해결을 위한 대화에서 한국이 소외되는 결과를 가져왔다. 이때 시작된 북한 핵 위기는 오늘날에 이르기까지도 완전한 해결을 이끌어내지 못했고, 현재 북한은 핵 능력을 완성시킨 것으로 추정된다.

한국이 이러한 북한의 공격에 선제적으로 대응하지 못한 것은 북방정책이 불러일으킨 착시현상과 관계가 있다. '북한의 변화'라는 목적성만을 놓고 평가한다면, 북방정책은 근본적인 한계를 갖는다. 공산권과의 관계 개선 및 북방으로의 진출은 남북관계 변화를 위한 필요조건은 될 수 있겠지만, 충분조건은 아니기 때문이다. 많은 공산권 국가들이 변화하였다고 해서 북한도 반드시 변화하리라는 보장은 없었으며, 공산권의 변화와 북한의 변화는 동일선상에서 취급될 수 없는 것이었다. 즉 북방정책은 대북정책과는 구분되어 취급되었어야 함에도 불구하고. 북방정책이 갖는 복합적 정체성(통일정책, 외교·안보정책, 국가전략으로서의 특징)은 북방정책과 대북정책을 동일시하게 하는 착각을 불러 일으켰고, 한국의 전략적 오판을 유도하였다고 볼 수 있다. 그 결과는 핵을 앞세운 북한의 반격이었다.

결국 노태우 정부 시절 화려하게 빛났던 북방정책은 김영삼 정부 시절에는 그 존재감이 희미해진다. 북의 핵 위협에 대해 김영삼 대통령은 '100일 회견'을 통해 "핵을 가진 자와는 악수도 하지 않겠다."는 강경한 입장을 천명함으로써 남북관계는 다시 극도의 대결국면으로 치닫게 되고, 진정한 문민정부라는 자부심 하에 국내정치에 바빴던 김영삼 정부로서는 노태우 정부 시절만큼의 열정을 북방정책에 할애할 여력을 갖고 있지 않았다. 이러한 상황에 대해 하용출 교수(2003)는 "북방정책은 그 중요성에도 불구하고 동 정책의 불행한 말로와 그 이후 정권들의 의도적인 정책 단절 표방으로 정책 결정과 집행 당시의 높은 관심이 지나자 거의 이름조차 언급되지 않았다."라고 평가하였다.

여기에 더하여 탈냉전과 더불어 진행된 세계화라는 흐름은 북방으로의 진출을 더 이상 새로운 것으로 여기지 않게끔 하는 분위기를 형성시켰다. 냉전체제의 붕괴와 사회주의권의 쇠퇴는 자본주의를 지배적인 체제로 등장시켰고, 신자유주의와 세계화의 물결은 국가와 이념이 아닌 시장과 자본이 우선시 되는 세상을 가져왔다. 세계가 행위자와 장소의 구분 없이 서로간의 점증하는 의존과 교류를 통해 전일화(全一化) 되어가는 상황에서 북방으로의 진출은 더 이상 특별한 일일 수가 없게 된 것이다.

김영삼 정부는 이러한 세계화의 물결과 북한 핵 문제에 대처하기 위해 노력하였다. 북한 핵 문제는 제네바 합의를 통해 임시로 봉합되었고, 세계화의 흐름은 우리 국가의 OECD 가입, 즉 선진국 클럽 진입이라는 결과로 화답하는 듯 보였지만, 임기 말에 이르러서는 결국 외환부족으로 인해 IMF에 긴급지원을 요청해야 하는 상황에 다다랐다.

어려운 상황 속에 출범한 김대중 정부에게 있어 무엇보다도 중요한 것은 경제위기의 극복이었다. 김대중 대통령의 임기초반은 이러한 경제위기 극복에 맞춰져 있었다. 1998년 2월 25일의 취임사는 '외자유치, 벤처기업 육성, 노사화합' 등에 상당한 부분을 할애하고 있었다. 동시에 북한을 향해서는 "우리는 북한을 해치거나 흡수할 생각이 없습니다."라고 밝힘으로써 흡수통일에 대한 북의 우려를 해소시키는 동시에, 특사교환과 정상회담을 제안함으로써 관계 개선의 의지를 밝혔다.

우리는 성공적으로 경제위기를 극복할 수 있었고, 회복한 자신감 속에서 역사적인 남북정상회담을 개최하게 되었다. 2000년 6월 평양에서 개최된 정상회담 이후 남북은 '이산가족 상봉, 금강산 관광, 북한의 남한 주최 스포츠 경기 행사 참가' 등을 통해 민간교류 사업을 진행하였고, 북한은 미·일과도 화해분위기를 유지하며 국교 정상화 교섭에 나섰다. 북방을 향한 우리의 의지가 다시금 불타오를 수 있는 조건이 마련된 것이다. 이러한 의지가 구체화되어 나타난 것이 김대중 대통령이 제안한 '철의 실크로드' 구상이다.

김대중 대통령은 남북정상회담 후 성남공항에서 열린 귀국보고회에서 "기차가 런던과 파리로 갈 수 없는 것은 경의선이 단절됐기 때문"이라면서 "경의선이 이어질 경우 유럽까지 뻗어가고, 한·일간도 해저터널로 연결되는 '철의 실크로드'가 생겨날 수 있을 것"이라고 주장하였다. 철의 실크로드 구상은 이후 2000년 광복절 경축사, 2001년 2월 블라디미르 푸틴 러시아 대통령과의 정상회담, 동년 12월 유럽의회 연설, 2002년 9월 아시아·유럽 정상회의(ASEM) 개막식 연설 등을 통해 꾸준히 강조되었다. 김대중 대통령은 철의 실크로드 구상에서 한 발 더 나아가 "아시아와 유럽을 하나로 연결하는 초고속 정보통신망으로 '정보화 실크로드'를 구축 'e-유라시아'를 실현해야 한다."라고 주장함으로써 유럽 국가들의 관심을 이끌어 냈다.

김대중 정부가 철의 실크로드 구상에 거는 기대는 작지 않았고, 국민의 기대 또한 컸다. 그러나 이러한 구상이 실현되기 위해서는 우호적인 남북관계와 중·러의 협조, 그리고 안정적인 동북아 상황이 필수적인 것이었고, 2002년 10월 발생한 제2차 북 핵 위기는 남북정상회담으로 형성되었던 우호적 분위기를 일거에 반전시켜 남북관계가 또 다시 얼어붙게 됨으로써 철의 실크로드 구상은 현실화되지 못했다. 그러나 김대중 정부에 의해 주창된 철의 실크로드 구상은 이후의 정부를 거치면서 이름만 바뀌었을 뿐 그 기본 아이디어는 변함없이 이어져 내려오고 있다. 그것은 그 아이디어가 그만큼 매력적인 것이라는 증거이며, 이 시기부터 북방정책의 국가전략적 특성이 두드러지게 표출되기 시작했다고 볼 수 있다.

한국 땅에서 출발한 열차가 북한을 통과해 시베리아나 중국 내륙을 횡단해서 프랑스 파리로, 영국 런던으로 뻗어나갈 수 있다는 비전의 제시는 우리로 하여금 다시금 북방에의 꿈을 꾸게 하였다. 기차를 타고 한반도를 벗어나 중국과 소련을 거쳐 유럽을 여행하고 우리 물건이 수출된다? 생각만 해도 참으로 가슴 설레는 일이 아닐 수 없으며, 이는 많은 국민들로 하여금 가슴에 대륙을 품고 시선을 세계로 돌리게 하는 '시동어(始動語)'가 되었다. 분단의 섬을 벗어나 대륙으로 향하는 구체적인 방법이 제시되었기 때문이다.

하지만 동시에, 이러한 그랜드 비전(Grand Vision)의 제시는 우리에게 조금은 낯선 것이기도 하였다. 한반도가 자리한 지정학적 위치와 상대적인 국력의 약함으로 인해 오랜 시간 동안 체계적 영향으로부터 자유로울 수 없는 피동적 위치에 머물러 있던 한국으로서는 무언가 세계를 대상으로 한 적극적이고 능동적이며 포괄적인 전략을 수립한다는 것이 익숙하지 않았기 때문이다. 지금은 우리가 우리 물건에 자부심을 갖고, 세계 1등을 당연시하며, 한류의 융성을 보면서 문화적 우월감에 취하기도 하지만, 사실 역사 속에서 우리 국민이 이러한 자긍심과 우월감을 가졌던 경험은 쉽게 찾기 힘들 뿐만 아니라, 오늘날 우리가 이런 낙관적이고도

긍정적인 감정을 갖게 된 것도 그리 오래 전의 일이
아니다.

김대중 정부가 주장했던 철의 실크로드는 '국민소득
의 증가, IMF 경제위기를 극복했다는 자신감, 북한과
의 정상회담과 남북관계의 진전, 적대적 관계가 아닌
동반자 관계에서의 공존·공영의 모색, 그리고 무엇보다
도 이제는 우리가 우리의 운명을 스스로 개척할 수 있
다는 확고한 믿음' 등에 근거한 것이었으며, 우리 국가
의 위상에 대한 새로운 자각으로 이어졌다. 이러한 자
각은 노무현 정부의 출범과 함께 동북아 중심국가론으
로 표출되게 된다.

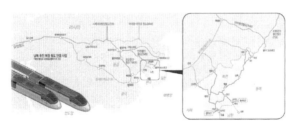

그림 6. 철도 북방 연결 노선 (출처) 디지털타임스

철의 실크로드 노선은?

'철의 실크로드'가 처음 발표되었을 때는 한반도 종단철도(Trans Korea Railway)와 시베리아 횡단철도(Trans Siberian Railway), 중국 횡단철도(Trans China Railway) 등이 하나로 연결되는 유라시아 철도망을 의미했다. 여기에 더해 한국과 일본의 철도를 해저터널을 통해 연결함으로써 일본-남북한-러시아/중국-유럽 국가의 철도를 연결하는 것까지가 '철의 실크로드' 구상이었다. 그러나 이 아이디어가 발전되면서 만주 횡단철도(Trans Manchuria Railway)와 몽골횡단철도(Trans Mongolia Railway)가 추가되어, 오늘날에는 TKR, TSR, TCR, TMR, TMGR의 다섯 개 노선을 묶어서 생각하는 것이 일반적이다.

철의 실크로드는 한국·북한·러시아 정상간 회의에서 추진 필요성이 강조되었고, 실무차원에서의 논의도 이루어졌다. 김대중 대통령의 퇴임 이후에도 관련 논의가 지속되었으며, 특히 2004년 6월 서울에서 개최된 ASEM '철의 실크로드 심포지엄'과 2006년 3월 블라디보스토크에서 개최된 '남·북·러 3국 철도 당국자 회담' 등은 사업추진에 중요한 모멘텀을 제공하였던 것으로 평가되지만 현실화에는 실패하였다.

아이디어의 진전 과정에서 한국 땅에서의 출발지점과 북한과의 연결방법을 놓고 약간의 갈등이 존재하기도 하였다. 먼저 한국 땅에서의 출발지점과 관련해서는 동쪽(목포 출발)과 서쪽(부산 출발)을 모두 사용해야 한다는 X축 지지자들과 부산에서 출발하는 것을 원칙으로 해야 한다는 I축 지지자들 간의 갈등이 존재한다. 다른 하나는 북한과의 연결 방법인데, 이것 또한 두 가지로 나뉜다. 먼저 경의선(서울 - 평양 - 신의주)을 이용하는 것으로, 서울을 출발한 기차가 평양과 신의주를 거쳐 중국대륙을 통과해 유럽으로 가는 방법이다. 다음은 중국을 통과하지 않고 러시아 극동 연해주를 거쳐서 유럽으로 가는 방법이다. 이 노선을 사용하기 위해서는 경원선 (서울 - 원산)이나 동해선 (부산에서 나진까지 동해안 해안선을 따라 연결되는 노선)을 이용해야 한다.

김대중 전 대통령은 "기차를 타고 서울에서 평양을 거쳐 유럽으로 가는 '철의 실크로드' 시대를 열자."고 언급하였다. 서울과 평양을 거쳐서 유럽으로 가고자 한다면 경의선을 활용하게 된다. 그러나 북한측의 입장은 다르다. 철도 노선이 평양을 통과하게 될 경우 북한 주민에게 미치는 외부적 영향력이 없을 수가 없기 때문이다. 따라서 북한 측에서는 내부 체제에 대한 파급효과를 최소화할 수 있는 동해선 노선을 선호하는 것으로 알려졌었다.

04

변방에서 중심으로
- 노무현 정부와 동북아 중심국가

노태우 정부 시기 태동해 김영삼 정부 동안의 일시적 후퇴를 거쳐 김대중 정부 시기에 되살아난 북방정책은 현상유지와 현상파괴라는 매우 모순된 성격을 동시에 갖고 있다. 이러한 모순적 성격의 공존은 북방정책의 복합적 정체성과 결합하여 정부의 전략적 선택에 혼선을 초래하거나 이에 대한 일반 대중의 이해를 어렵게 만들었다. 무슨 말인가?

먼저 외교·안보정책으로서의 북방정책은 현상유지적 성격을 갖는다. 외교적 수단을 활용해 일국의 안보를 보장받고자 할 때 많은 경우 세력균형정책을 추진하게 되는데, 세력균형은 본질적으로 현상을 변경시키기 보다는 현상을 유지하고자 하는 성격을 갖는다. 즉 현상의 변화 없이 현재의 힘의 분포상태를 유지하는 것이 안전을 보장받는데 유리하다는 생각에 바탕을 두고 있다. 외교·안보정책으로서의 북방정책은 공산권

국가와의 협력을 통해 동북아의 세력균형을 유지함으로써 안전을 보장받고자 하는 의도를 갖고 있었다.

다음, 통일정책으로서의 북방정책은 현상파괴적 성격을 갖는다. 남북한이 통일을 이루어낸다면, 이는 동북아 세력균형에 대한 직접적 변화의 요소로서 작용할 수밖에 없다. 남북한의 통일은 인구가 8천만에 이르며 세계 10위권의 경제력과 강력한 군사력을 겸비한 새로운 강대국이 동북아에 등장하게 된다는 것을 의미한다. (2020년 기준 전세계에서 인구가 8천만을 넘는 국가는 19개국이며, 이 중 동북아에 위치한 국가는 중국과 일본 두 나라 뿐이다. 그 밖의 아시아 국가로는 인도, 인도네시아, 파키스탄, 방글라데시, 필리핀, 베트남, 태국 등이 있다.) 이는 동북아 세력구도 변화 촉발의 원인으로 작동할 것이며, 필연적인 연쇄반응을 일으킬 것이다. 즉 남북한의 통일은 비단 한반도뿐만 아니라 한반도를 둘러싼 4대 강국들을 포함한 동북아시아, 나아가서는 아시아와 세계전체의 세력균형에 근본적인 변화를 불러일으킬 수밖에 없는 결정적 사건으로서 존재한다.

이 두 가지 모순적 성격의 공존으로 말미암아 북방

정책의 추진자는 정책 추진과 관련한 근원적 질문에 맞닥뜨리게 된다. 그것은 "우리는 과연 현상변경을 원하는가?"이다. 통일은 한반도와 동북아에서의 현상변경을 의미하며, 이는 결국 "우리는 과연 통일을 원하는가?"라는 질문으로 치환될 수 있다. 만약 이에 대한 답이 '그렇다'라고 한다면, 다음의 질문은 "그렇다면 우리는 어떻게 현상을 변경할 것이며, 이 속에서 우리의 역할은 무엇이 되어야 하는가?"일 것이다. 노무현 정부의 '동북아 중심국가'는 이러한 질문에 대한 답을 찾아가는 과정에서 필연적으로 등장할 수밖에 없었던 개념이라는 것이 필자의 생각이다.

노무현 정부가 출범한 2003년은 냉전 종식에 따른 환경 변화의 유동성이 극대화되던 시기였다. 동북아에 있어서의 양극체제가 붕괴된 후 미국이 유일한 절대패권의 역할을 담당하지 못하는 상태에서, 미·중·일·러의 4강이 새로운 균형을 구축하기 위한 탐색과 신호보내기를 지속하는 가운데 작용(action)과 반작용(reaction) 속의 유동적 상황이 지속되고 있었다. 그렇지만 결국 동북아의 세력균형(혹은 안정) 유지를 위해 필수적인 것은 '균형자로서의 미국'의 존재였다. 미국은 다른 3

국과 비교해 상대적으로 큰 국력을 갖고 있었던 까닭에 균형유지를 위한 실질적 수단을 동원할 수 있었으며, 아시아의 세력균형을 안정시키는 것이 미국의 대아시아정책의 핵심이었기 때문이다. 미국이 가장 꺼리는 시나리오는 아시아 지역에 강력한 패권국가가 등장하는 것이었다.

이러한 미국의 대아시아전략은 19세기 말 영국이 '영광스러운 고립(splendid isolation)'의 기치 아래 유럽의 균형자(balancer) 역할을 담당했던 것과 매우 흡사하다. 영국이 유럽대륙에서 벗어난 상태에 있으면서 유럽국가들 사이에 강력한 절대패권의 등장을 견제하는 균형자의 역할을 했던 것처럼, 미국은 동북아에서 절대패권의 등장을 견제하는 균형자의 역할을 담당하고 있었다.

한국외교의 관점에서 보았을 때 미국의 균형자 역할은 한국의 생존을 위해 절대 필요한 조건이었다. 한국의 상대적 국력과 지정학적 위치를 감안할 때 동북아에서의 절대패권의 등장, 즉 헤게모니 체제의 성립은 한국에게 치명적인 것이 될 수밖에 없다. 따라서 한국으로서는 미국과의 긴밀한 관계 유지가 필수적이었다. 다른 한편으로, 한국이 동북아의 다른 강대국이 아닌 미국에 의존할 수밖에 없었던 것은 미국이 온통 선의 (善意)로 가득한 '자비로운 패권(benevolent hegemon)'이 라서가 아니라 19세기 영국이 유럽대륙과 영토적으로 분리되어 있었던 것처럼 태평양을 사이에 두고 정반대에 위치한 지리적으로 멀리 있는 국가였기 때문이다.

이러한 상황에서 현상의 변경(한반도의 통일)을 꾀하고자 한다면 미국의 대아시아 전략을 감안한 새로운 관계설정이 필요하다. 균형자로서의 미국의 역할을 부인한다면, 그 역할을 대신할 수 있는 새로운 상황의 창출이나 행위자의 등장이 필요하다. 약소국으로서 스스로가 운명의 결정자가 되기 힘들다는 피동적 체계구속성에 오래도록 사로잡혀 있던 한국으로서는 스스로가 그와 같은 균형자의 역할을 떠맡는다는 발상 자체가 힘들었을 것이다. 그러나 종합적인 국력의 성장과 시기적 상황 변화, 특히 당시 미국이 주도하고 있던 일방적 동맹 재편의 시도는 한국으로 하여금 그와 같은 동북아 균형자로서의 역할을 상상하게 하였고, 발전과 함께 획득한 자신감은 상상을 현실화시킴으로써 한국이 동북아 균형자의 역할을 스스로 자임하고 나서도록 만들었다. '동북아 균형자론'이 등장하게 되는 것은

2005년의 일이지만, 노무현 정부는 출범과 함께 '동북아 중심국가'를 표방함으로써 '동북아 균형자'로 나아가는 징검다리를 놓았다.

2003년 2월 25일, 노무현 대통령은 취임사에서 "존경하는 국민 여러분. 오랜 세월 동안 우리는 변방의 역사를 살아왔습니다. 때로는 자신의 운명을 스스로 결정하지 못하는 의존의 역사를 강요받기도 했습니다. 그러나 이제 우리는 새로운 전기를 맞았습니다. 21세기 동북아 시대의 중심국가로 웅비할 기회가 우리에게 찾아 왔습니다. 우리는 이 기회를 살려 나가야 합니다."라고 주장하면서 '동북아 중심국가'를 전면에 내세우게 된다.

사실 '동북아 중심국가'는 취임사에 등장하기 전까지 몇 번의 부침이 있었다. 김영삼 정부 시기에는 세계화 바람과 함께 '세계중심국가'를 표방하였고, 김대중 정부 말기에는 '동북아 비즈니스 중심국가'가 등장하였다. '동북아 중심국가'에서 '중심'이라는 용어가 주는 부담 때문이었을까? 취임사 이후에도 '동북아 경제 중심국가', '동북아 물류 중심국가' 등으로 변이되어 사용된 많은 경우들을 찾을 수 있다.

하지만 한 가지 확실한 것은 우리가 이제는 스스로

'중심' 국가임을 표방하기 시작하였다는 것이다. 역사 속을 들여다보면 오래 전 신라 선덕여왕이 '사방 9개국(1층부터 차례대로 일본, 중화, 오월, 탁라, 응유, 말갈, 단국, 여적, 예맥)을 제압하여 그 조공을 받는 나라'를 표방하면서 황룡사 9층 목탑을 창건한 바 있고, 고려시대에는 '금국정벌론'과 '서경천도론'을 주장한 묘청의 난이 북방으로의 비전을 앞세운 바 있다. 대한제국 시기에는 환구단을 설치함으로써 '천자의 나라'를 표방하였지만, 이러한 사례들은 노무현 대통령의 취임사에서 말하고 있듯이 "오랜 세월 ... 변방의 역사를 살아"오면서 중심을 꿈꾸었던, 그러나 실질적 힘의 부족으로 그것을 현실화 하는 데에는 실패했던 사례임을 부인할 수 없다. 노무현 정부는 이러한 '변방의식'을 정면으로 부인하고 우리가 '중심'임을 야심차게 주장했던 것이다. 일본의 와다 하루키 교수는 노무현 대통령 취임 2년 후인 2005년 2월 기고를 통하여 동북아 중심국가론을 "한국에 맡겨진 역사적 사명을 받아들이겠다는 결의의 표명이며 국민에 대한 제언"이라고 높이 평가하였다.

　'중심'의 주장은 야심찼으나 현실은 모호하였다. 무

엇보다도 '중심'에 대한 해석을 놓고 다양한 견해들이
경쟁하였다. "물류중심, R&D중심, 금융중심 이라고 할
때의 중심은 허브(hub) 개념에 가깝지만, 변방의 역사를
극복한다는 점을 감안하면 코어(core) 혹은 센터(center)
개념으로 이해해야 한다"는 주장, "도시차원에서는 허
브라는 말을 사용하지만 국가차원에서는 코어나 허브
라는 말을 사용하지 않는다"는 주장, "일본이 한 때 사
용했으나 더 이상 쓰지 않는 '아시아태평양 중심국가'
혹은 '교량국가(bridging country)와는 어떻게 다른가'라
는 주장 등이 서로 충돌하였고, "세계화로 인해 '평평
해진' 세상 속에서 중심국가라는 명분이 자리 잡을 기
반 자체가 바뀌고 있다"라는 주장 또한 무시할 수 없
었다.

2021년 지금은 또 다시 지정학적 중요성과 지역적
독특성이 강조되고 있으나 노무현 정부 시기는 세계화
의 진전이 극에 달해 있었던 까닭에 "변방의 역사를
극복하려는 의지를 새로운 중심의 건설로 표현하기 보
다는 '중심과 변방'이라는 차별적 구조 자체를 파괴하
고 모두가 중심적 수준에 도달하여 중심이 따로 없는
구조를 창출해 내는 것," 즉 토머스 프리드먼이 주장한

"평평한 세계"를 만들어내는 것이 필요하다는 주장 또한 많은 지지를 이끌어 냈던 것이다. 무엇보다도 '동북아 중심국가'라는 개념 자체가 체계적 상황의 변화에 대한 피동적 반응으로서의 결과에 불과하다는 주장, 그리고 '동북아 균형자론'과 한·미 동맹은 양립될 수 없는 개념이라는 주장 등은 많은 논란을 불러 일으켰다.

하지만, 그럼에도 불구하고 '동북아 중심국가' 개념은 국민의 자긍심과 주체의식을 자극하였으며, 그에 따른 의식의 변화는 행동의 변화를 이끌어 낼 것이고, 행동의 변화는 운명의 변화로 이어질 것이라고 믿는다. '동북아 중심국가' 탄생 이후 우리는 변방의 역사를 극복한 '중심'의 역사를 전면에 내세우게 되었고, 한국과 한국외교는 지금도 '중심'을 향한 도전을 멈추지 않고 있다. 북방에의 꿈은 이러한 '중심 지향'의 또 다른 발현이라고 할 수 있을 것이다.

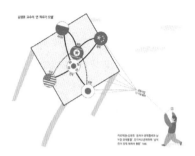

그림 7. 한반도 4대국 보장론과 '연 띄우기 모델' (출처) 디지털타임스

한반도 4대국 보장론이란?

'동북아 중심국가론'과 관련하여 기억해야 할 것으로 '한반도 4대국 보장론'이 있다. 그것은 한반도의 안정과 통합을 주변 강국의 힘을 빌려 보장 받겠다는 생각으로서, 그 연원이 오래다.

해방전후의 혼란스러운 시기, 여러 개인과 집단이 '강대국이 보장하는 한반도 독립과 통일'이나 '중립화 통일'을 주장한 바 있다. 거기까지 거슬러 올라가지 않더라도 그리 멀지 않은 과거인 1971년 대통령 선거 때 김대중 후보가 꺼낸 핫이슈가 되었던 4대국 보장론을 찾을 수 있다. 김대중 후보는 1971년 4월 대선에 즈음하여 '미·일·중·소에 의한 한반도 평화보장론'과 '예비군 폐지' 공약을 내세웠다. 지금은 우리에게 매우 익숙한 주장이지만, 반공주의적 색채가 강했던 당시의 상황을 생각할 때 매우 파격적인 주장이 아닐 수 없었다.

김대중 후보의 4대국 보장론의 원형은 하버드대학의 김정원 교수가 1971년 *Pacific Community* 에 기고한 "The Unification of Korea"에서 찾을 수 있다. 김정원 교수는 논문을 통해 '한반도 완충지대화, 2+4 회담과 4강국 보장을 통한 한반도통일안' 등을 주장하였다.

그밖에도 1976년, 키신저 전 미 국무장관이 '남북한 교차승인을 통한 한반도 안정화를 위해 남북한과 미·중의 4자회담이 필요'하다는 주장을 펼친 바 있고, 제임스 베이커 미 국무장관 또한 1991년 *Foreign Affairs*에 기고한 글에서 한반도 문제 해결을 위한 '2+4 회의 구상'을 밝힌 바 있다. 여기에 대해 한국정부는 통일은 남북한 스스로에 의하여 이룩되어야만 한다는 입장을 밝히면서 이에 공식적으로 반대하였고, 대안으로서 소련과 일본을 제외한 '2+2 구상'을 제시하기도 하였다. 노태우 대통령은 이와 관련하여 동북아평화협력의회 구상을 제시하였다.

2+2 혹은 2+4 구상은 오랜 기간 동안 한반도 통일과 안정화를 위한 해법으로 주장되어 왔다. 제2차 북한 핵 위기 발생 이후 그 해결을 위해 출범하였던 6자 회담 또한 다자적 협력을 통한 한반도 문제의 해결이라는 점에서 어떤 면에서는 4대국 보장론의 변형이라고 볼 수 있다.

한반도 통일과 평화를 위한 다자적 협력은 다양하게 변형되어 주장되었는데, 경제적 변형의 일례로서 김영호 교수의 '연 띄우기 모델(kite-flying model)'을 제시할 수 있다. 북핵 문제의 위기 속에서 북의 핵 개발을 방지하는 대안으로서 동북아 전체가 참여하는 공동프로젝트(동북아 판 신 마셜 플랜)를 적극 추진함으로써 평화의 바람에 연을 띄우자는 김영호 교수의 주장은 4강국과 남북한이 함께 하는 공동사업을 추진함으로써 경제협력을 통해 동북아의 안정과 평화를 도모하고 남북한 경제통합을 이룩함으로써 통일에의 길을 준비하자는 비전을 제시한다.

이와 같은 다자주의적 해법은 우리가 처한 지정학적 위상과 역내 세력관계, 약소국으로서의 한국의 위상 등을 상기시키며, 한반도의 분단 해결을 위해선 국제적인 협력과 동의가 필수적이라는 점을 다시 한 번 인식하게 만든다. 노무현 정부의 동북아 중심국가론은 이러한 피동적이며 종속적인 위상을 극복하고 스스로의 자존감과 능동성을 확보하고자 하는 통렬한 외침이었다.

05

대한민국이 꿈꾸는
세계 일등적 지위와 북방

한 국가의 외교정책은 '세상이 바뀌거나, 그 국가가 바뀌거나, 그 국가의 지도자가 바뀌면' 같이 변화한다. 노무현 정부 시기 주창되었던 '동북아 중심국가'와 '동북아 균형자'는 이명박 정부와 박근혜 정부를 거치면서 세상의 변화와 우리 국가의 발전에 맞춘 약간의 변용을 거치게 된다. 그러나 우리가 세상의 중심이 되겠다는 기본 아이디어는 그대로 계승되었으며, 이후 '중추적 중견국가(pivotal middle power)', '동북아 중재자(mediator, arbitrator, arbiter)', '한반도 운전자론(Korean Peninsula Driver Theory)' 등의 여러 모습으로 등장하게 된다.

우리가 우리 스스로에게 부여한 이러한 역할이 과연 '적합하며 가능한 것'인지에 대한 열띤 논쟁이 뒤따랐고, 이는 아직도 진행 중이다. 동시에 우리가 바라보는 세상과 역할의 변화는 정책의 확장 및 지향점의 변화를 가져왔다. 김대중 정부가 주창하였던 '철의 실크로드'는 확대 변용되어, 이명박 정부 시기에는 '3대 신실크로드', 박근혜 정부 시기에는 '유라시아 이니셔티브', 문재인 정부 들어서는 '신북방정책'이 주창되었다.

이와 같은 아이디어와 정책들은 우리의 시선과 발걸음이 이 땅 한반도를 벗어나 명백히 세계를 향하게 되었음을 보여주지만, 상기한 바와 같이 이것이 우리에게 필요하며 적합한 것인가에 대해서는 긍정과 부정의 시각이 함께 존재한다. 비유하자면, 가난하게 살다가 부자가 되었으니 새 옷을 사 입어야 한다는데 대해서는 동의하지만, 어떤 옷을 사 입을 것인가에 대해서는 의견이 일치 하지 않는 그런 상황? 혹은 새 옷을 사 입었지만, 아직은 그 옷이 어딘가 어색하며 무언가 몸에 딱 맞지 않는 것 같은... 그런 느낌이라고 할까? 이러한 의견의 불일치와 어색함의 이유는 우리가 한 번도 그런 옷을 입어보지 못했기 때문에 발생하는 현상이라고도 할 수 있을 것이다. 무슨 말인가?

2012년 출간되어 전 세계적 관심을 끌었던 애쓰모글루(Daron Acemoglu)와 로빈슨(James A. Robinson)의 저서 『국가는 왜 실패하는가』는 오늘날 우리가 경험하고 있는 세계 불평등의 기원에 대한 매우 치밀한 고찰의 결과이다. 이 책에서 제기된 저자들의 주장에 전적으로 동감하지 않는다고 할지라도 "오늘날 왜 어떤 국가는 부유하고 어떤 국가는 가난한가?"라는 화두 자체는 우리 모두에게 깊은 사색의 기회를 제공한다. 특히 두 저자는 역사 속에 존재하는 국가들의 성패에 관한 기존의 가설들을 모두 부인하면서 국가 성패의 결정적 요인은 '정치제도'라는 새로운 주장을 내세우고 있는데, 이들이 자신들의 주장을 뒷받침할 실례로서 대한민국과 북한을 들었던 까닭에 우리나라에서 더욱 많은 관심을 받았던 것일 수도 있다.

사실 오늘날 서구가 '문명의 표준'임을 자임하면서 세계의 중심으로 작동하게 된 것은 기나긴 인류의 역사를 돌이켜 보면 그리 얼마 되지 않는 짧은 기간에 불과하다. 하지만 현재 우리가 서구 중심적 세상, 즉 소위 서구적 표준(Western Standard)이 통용되는 세상에 살고 있다는 것은 부인할 수 없는 사실이다. 대항해시대와 종교전쟁, 민족국가의 탄생, 프랑스혁명, 나폴레옹전쟁과 제국주의 시대를 거치는 길항과 투쟁의 역사 속에서 여러 번의 '결정적 분기점(critical juncture)'을 거치게 되면서 그들이 장착하게 된 '포용적 정치제도 (inclusive political institutions)'는 운명의 수레바퀴로 하여금 세계를 서구 편향적 세상으로 향하게 만들었고 우리는 지금 그 속에 살고 있다.

두 저자는 우리 대한민국이 포용적 정치제도를 택했으며, 그 결과 오늘날 북한과는 비교도 할 수 없는 부유한 국가이자 세계 유수의 강국이 되었다고 이야기한다. 이러한 주장은 우리 스스로의 성취와 현재의 모습에 대하여 자부심을 갖게 만들지 않을 수 없는 긍정적 효과를 갖지만, 동시에 "그렇다면 우리는 지금 충분히 부유하며 행복한가"라는 질문을 던지게 한다.

이 질문에 대한 각자의 대답은 다를 것이지만, 상당히 많은 사람들이 '아니오'라고 답할 것이다. 우리는 지금 충분히 부유하지도 않고 행복하지도 않다. 굳이 우리 국가의 GDP 순위와 해마다 유수의 언론사가 전재하는 '행복한 국가' 순위 이야기를 끌어오지 않더라도 지금 우리 국민들 중에 "나는 지금 행복하며, 충분히 부유하다"라고 자신 있게 답할 수 있는 사람들이 과연 몇 명이나 될 것인가?

부정적 답변에 대한 두 가지 이유를 들 수 있다. 하

나는 우리가 "아직 배가 고프기 때문"이다. 식민과 광복, 전쟁과 분단, 휴전의 세월을 거치면서 우리는 스스로의 힘으로 급속한 경제발전을 이루어냈고, 민주주의를 성취하였으며, 세계적인 문화 강국이라는 평가까지 차지하게 되었다. 그렇지만 현재의 상황에 대해 우리의 마음은 흡족해 하지 않는 듯하다. 그것은 우리가 역사 속에서 단 한 번도 경험해 보지 못한 저 꼭대기의 세상을 향해 여전히 전진하고 있으며, 그러한 우월함을 성취하고자 하는 열망으로 가득 차 있기 때문이다. 그러니 당연히 지금 우리는 행복하지 않다.

또 다른 하나는 우리가 "아직 불안하기 때문"이다. 우리가 불안한 것은 지금껏 이룩해 낸 성취가 앞으로도 오랜 시간 동안 영원히 변치 낳고 지속될 것이라는 믿음이 존재하지 않기 때문이다. 우리가 누리고 있는 현재의 번영과 영광은 언제 어느 때 사라져도 이상하지 않은 찰나의 순간에 불과할 뿐 이라는 생각이 존재하고 있으며, 이로 인해 까닭 없는 불안감에 시달리는 많은 사람들을 볼 수 있다. '불행하고 불안하여 우울한 한국인'의 모습이다.

이와 같은 태도와 정향성은 긍정과 부정의 두 가지

측면을 동시에 갖는다. 먼저 끊임없이 위를 추구하는 향상적 태도는 우리의 발전과 진보를 촉진할 것이지만, 동시에 역사 속에서 단 한 번도 경험해 보지 못한 우월적 지위 경험의 결핍은 우리 스스로의 능력과 힘에 대한 불신으로 이어진다.

우리 속담에 "고기도 먹어 본 사람이 잘 (많이) 먹는다"라는 표현이 있다. 무슨 일이든지 늘 하던 사람이 더 잘한다는 말이다. 이 원칙은 우리의 현재 모습, 그리고 국제관계와 국제정치에 있어서도 그대로 적용될 수 있다. "대장도 해 본 놈이 잘 하는 것"이다. 다른 말로 하자면 단 한 번도 대장을 해보지 못한 대한민국으로서는 세계의 대장은 고사하고 동북아의 대장 자리를 꿈꾸는 것 자체가 쉽지 않은 일이었다는 이야기다.

여기에 우리가 느끼는 불편함의 근원이 있다. 우리를 둘러싸고 있는 4대 강국인 미·중·일·러와 비교해 보았을 때 우리는 명백히 약소국이며, 그것이 군사적인 것이든 경제적인 것이든 혹은 다른 무엇이든 역사 속에서 그들 4대강국이 경험해 보았던 세계 일등적 지위를 단 한 번도 누려보지 못했기 때문이다.

1980년대 말 '미국 쇠퇴론'이 등장했을 때 조지프
나이(Joseph S. Nye)는 '강제나 보상이 아닌 설득과 매
력을 통해 원하는 것을 얻는 능력'인 소프트파워 개념
을 내세우면서 "미국의 국력이 쇠퇴하고 있지만 이는
상대적일 뿐이고, 하드파워 외에 강력한 소프트파워를
보유하고 있는 미국은 여전히 강력하다."라고 주장하
였다. 카터 행정부에서 백악관 국가 안보 보좌관을 역
임하였으며 전 세계적 명성을 자랑하는 국제정치학자
브레진스키(Zbigniew Brzezinski)는 1998년 발간한 그의
저서 『거대한 체스판』 *The Grand Chessboard: American
Primacy and Its Geostrategic Imperatives* 에서 미국의
세계 일등적 지위(global supremacy)를 강조하면서, 그러
한 세계 일등적 지위를 확보하기 위한 수단으로서 군
사적인 것이 아닌 비군사적 요소들, 즉 '정치적 생동
성, 이데올로기적 유연성, 경제적 역동성, 문화적 호소
력' 등의 네 가지 요소를 제시하였다. 나이의 소프트파
워가 보다 구체화된 모습이다. 이들이 이런 주장을 할
수 있는 것은 그들 국가가 그 자리를 '경험해 보았기
때문'이며, 그런 까닭에 많은 이들의 공감을 이끌어 내
었고, 다른 많은 국가들의 미래적 지향점의 좌표가 되

었다. 그리고 그러한 좌표에 도달하는 것은 한 번도 그 자리에 가보지 못한 국가들보다는 단 한번이라도 그러한 경험을 해본 국가들에게 더 유리할 것이다.

그림 8. 주요국의 대(對)유라시아 전략과 북방장악플랜
(출처) 디지털타임스

브레진스키는 같은 책에서 유라시아 대륙이 갖는 지정학적 중요성을 강조하면서 미국이 세계 일등적 지위를 유지하기 위해서는 유라시아 대륙에서의 교두보를 반드시 유지하여야만 한다고 주장한다. 우리가 가고자 하는 곳, 바로 북방이다. 그리고 이 중요성을 인지하고 있는 것은 비단 우리 국가만이 아니다. 일본(자유와 번영의 호 2007), 러시아(신동방정책 2012), 중국(일대일로 2013), 인도(Act East Policy 2014), 몽골(초원의 길 2016) ... 모두가 표현은 다르지만 나름의 방식으로 유

라시아 대륙의 장악을 꿈꾼다.

그렇다면 어떻게 그 자리에 도달할 것인가? 철의 실크로드(김대중), 3대 신실크로드(이명박), 유라시아 이니셔티브(박근혜), 신북방정책(문재인) ... 우리가 지금껏 도출한 여러 답안들이며, 이는 지정학적(geo-political) 약세와 갈등을 지경학적(geo-economic) 협력의 모색으로 극복하고자 하는 의지의 발현이다. 그리고 그것을 현실화시키는 것은 온전히 우리에게 달려있다.

우리는 과거의 역사에서 경험했던 억눌림으로 인하여, 그리고 세계체계 속에서의 제약성으로 인하여, 수동성, 피동성, 패배주의에 젖어 있었던 적이 있다. 지금도 그 영향으로부터 오롯이 자유롭다고 말하기는 힘들다. 물론 오늘날 우리의 모습이 많이 변한 것은 사실이다. 그러나 한국산 휴대폰이 세계 1등을 차지하고, BTS와 기생충이 전 세계인의 환호를 받는다고 해서, 그것이 우리 국가 자체가 1등이 되었다는 뜻은 아니다. 거기까지는 아직 갈 길이 멀다. 우리는 오늘도 한 번도 경험해 보지 못한 그 자리, 즉 세계 일등적 지위를 향한 발걸음을 멈추지 않고 있으며, 이 꿈이 이루어질 때 우리는 서구적 문명의 표준이 지배하는 세상에서 우리가 만들어 내는 새로운 표준을 기대할 수 있게 될 것이다.

중견국 혹은 중강국으로서의 한국

'동북아 중심국가' 탄생 이후 변화된 세계 속에서 우리 국가의 역할을 적시하고자 하는 여러 개념들이 탄생되었다. '동북아 균형자(balancer, equalizer)', '중추적 중견국가(pivotal middle power)', '동북아 중재자(mediator, arbitrator, arbiter)', '한반도 운전자론(Korean Peninsula Driver Theory)' 등이 그것이다.

우리가 이러한 주장을 내세울 수 있게 된 것은 세기의 전환기에 발생한 국제체제의 근본적 변화 덕분이다. 강대국과 약소국으로 이분되어 있던 세상에 중견국이 등장한 것이다. 특히 소프트파워 개념의 유행은 변화된 세계에서 새로운 위상을 찾던 중견국들이 틈새외교와 공공외교에 매달리게 되는 계기가 되었다.

노태우 정부 시기만 하더라도 한국의 국제적 위상은 약소국이었다. 김덕(1992)은 『약소국외교론』에서 "한반도의 분단이 강대국 정치의 산물이기 때문에, 세계 유일의 분단국 입장에서 생각하는 약소국 외교의 문제는 남달리 중요하고 절실한 의미를 지닐 수밖에 없다."고 밝히고 있으며, 김정원(1996)은 『한국외교발전론』에서 "세계체제 내에서 대한민국은 지난 반세기 동안 '약소국'과 '발전적 정치체제'라는 두 가지 주요한 특징을 지니고 있었다."라고 주장한다. 전웅(1993)은 "한국외교정책의 전통과 연구 현황"에서 "약소국은 항상 불안과 긴장 속에서 살아야 할 운명이고 한반도 역시 그 예외는 아닐 것이다."라고 주장한다. 약소국으로서의 한국에 대해 반론을 제기할 여지가 없다.

그러나 30여년의 시간이 흐른 후 김우상(2016)은 『중견국책략』에서 "이제 한국은 외교지평을 넓혀 나아가야 할 때가 되었다 … 대한민국의 '중추적 중견국' 외교는 한국외교 대전략의 세 번째 핵심축이 되어야 한다.”고 주장하고 있으며, 김상배(2020)는 『신흥무대의 중견국 외교』에서 “2018년 이후 한반도 주변정세의 변화는 중견국 외교 연구를 새로운 지평에서 거론할 상황을 창출”했다고 말하고 있다.

이들의 주장에서 확인할 수 있듯이 한국의 국가위상은 약소국에서 중견국 혹은 중강국으로 변화하였으며, 이러한 변화는 국가 외교정책의 목적성 및 방향성에도 영향을 미칠 수밖에 없다. 이는 노태우 정부 시기 통일과 외교·안보에 치중하고 있던 북방정책이 문재인 정부의 신북방정책에 이르러서는 국가전략적 성격을 강하게 드러내는 이유라고도 볼 수 있다.

06

우리는 지금
통일을 원하는가?

제1장부터 제5장에 이르기까지 우리가 북방을 꿈꾸는 이유와 북방정책의 탄생, 그리고 철의 실크로드 에서부터 신북방정책에 이르기까지 역대 정부의 북방정책과 세계 일등적 지위에 도달하기 위한 우리 국가의 노력들을 이야기했다. 정부의 교체와 세상의 변화에 따라 북방정책의 모습도 변해 왔으며, 초기에는 통일과 외교·안보에 초점을 맞추던 것이 현재에 이르러서는 거시적 국가전략의 성격을 강하게 드러내고 있다 (<그림 9> 참조). 그런데 우리가 북방으로 나아가기 위해서는 반드시 해결해야 할 한 가지 문제가 존재한다. 바로 북한이다.

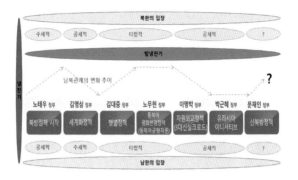

그림 9. 북방정책과 남북한 관계 (출처) 정기웅, "노태우 정부 이후 역대 정부의 북방정책: 통일정책에서 국가전략으로," 『국제지역연구』 25권 1호 (2021), p.257의 그림을 수정

이미 언급한 바와 같이 북방정책의 추진은 북한을 목표로 전개되는 안보정책과 통일정책 사이에 존재하는 본질적 갈등관계와 그것이 주는 제약으로부터 자유롭지 못하다. 안보정책은 현상의 유지를 목표로 하는 보수적 정책인 반면에 통일정책은 현상의 변경을 목표로 한다. 따라서 두 정책 간에는 본질적 길항관계가 발생할 수밖에 없으며, 현상을 유지하면서(평화와 번영) 동시에 변경하고자 하는(통일) 모순적 상황의 해법을 찾고자 하는 노력이 북방정책의 추진자들로 하여금 한반도를 벗어나 보다 거시적이고 전략적인 목표(협력

　　　　　　　　　대한민국은 왜 북방을 꿈꾸는가?

을 통한 세계 일등적 지위의 추구)를 추구하도록 만들었던 것이다.

여기서 우리는 북한이라는 존재가 갖는 의미에 대해 다시 한 번 고민하게 된다. 북한은 우리에게 형제인 동시에 적이기도 하다. 이와 같은 이중적 성격을 갖는 북한의 존재는 수시로 우리 정부의 정책적 일관성과 선명성을 저해할 뿐만 아니라, 때로는 존재 자체가 우리 국가의 정체성과 국가이미지에 부정적 영향을 미치기도 한다.

우리는 북한을 어떻게 대우해야 하는가? 형제로 맞이할 것인가, 아니면 적으로 물리칠 것인가? 이는 쉽게 답하기 힘든 문제이며, 따라서 북한을 어떻게 대우할 것인가를 둘러싼 갈등이 발생할 수밖에 없다. 특히 북한 핵 문제가 여전히 해결되지 않고 있는데 따른 부담과 두려움은 북한에 대한 태도를 결정하는데 중요한 제약요건으로 존재한다. 더불어 우리 사회의 민주화는 정부가 정책을 결정하는데 있어 국내여론의 향방에 더욱 촉각을 곤두세울 수밖에 없게 만들었고, 이러한 상황에서 대북정책의 결정과정에 있어 남남갈등이 제약요인으로 작동하는 상황이 빈번히 발생하였다.

노태우 정부 이후 지금에 이르기까지 북한과의 관계는 부침을 거듭해 왔다(<그림 9> 점선 참조). 이러한 관계의 부침에 북방정책의 추진이 직접적인 영향을 끼친 바 있는가? 필자의 견해로는 북방정책의 추진과 남북관계의 진전이 어떤 직접적 상관관계를 갖는다고 보기는 어렵다. 즉 우리가 추진하는 북방정책의 성격이 남북관계의 진전을 결정하는 것은 아니다. 그보다는 오히려 '북방정책을 실현하고 성공시키기 위해서는 북한과의 우호적 관계 및 북한의 협조 확보가 필수적'이라고 보는 것이 맞을 것 같다.

　　이는 북한과의 관계설정을 더욱 어렵게 만든다. 북방정책은 대북정책이기도 하지만, 대북정책이 북방정책 전체에서 차지하는 비중은 크지 않다. 우리 국가의 역량이 커지고 경제수준이 높아질수록 북방정책은 대북정책보다는 국가전략적 성격을 더욱 강하게 띠게 될 것이고, 이 경우 정책의 초점은 통일 보다는 북한의 협조 확보에 맞추어질 가능성이 더 커진다고 볼 수 있다. 결국 이는 우리에게 북한과 관련된 가장 근본적인 질문, 즉 "우리는 지금 통일을 원하는가?"라는 질문을 던지게 만든다.

"우리의 소원은 통일"을 합창하며 되뇌던 지난 반세
기이지만, 어느 순간부터 우리에게 통일은 매우 피상
적이고 표피적인 것으로 남아 있다. 통일에 대한 국민
의 감정도 많이 변해서 오늘날의 젊은 세대 중에는
"통일이 필요하다고 생각하십니까?" 라는 질문에 "통
일을 왜 해?"라고 반문하는 경우조차 있다. 이러한 변
화는 정부와 민간 모두에서 발견할 수 있다.

정부는 표면적으로는 단 한순간도 통일을 포기한 적
이 없지만, 이미 상당히 오래전부터 정부 정책의 우선
순위에서 통일이 맨 윗자리를 차지하지 못한다는 것은
공공연한 비밀이었다. 한 예로서 어느 외국인 기자의
기억을 빌려보자. <가디언>, <더 타임즈>, <워싱턴 타
임스> 등에서 한국과 북한 담당기자로 활약했던 마이
클 브린(Michael Breen, 2018)은 그의 저서 『한국, 한국
인』에서 "1989년 이후 한국정부는 북한을 합병할 능력
을 갖추지 못했음을 깨달았다."고 주장하면서, 1991년
초 당시 외무부차관보와 나눈 대화를 다음과 같이 소
개하고 있다. "우리의 목표는 더 이상 통일이 아니다.
우리는 북한과의 통일을 원하지 않는다. 그러나 통일
에 대한 우리의 공식적 입장은 북한과의 민주적 통일

이다. 통일 과정이 평화롭게 진행되기 위해서는 점진적·단계적 프로세스가 바람직하다. 오래 걸릴수록 좋다. 나 개인적으로는 영원히 통일이 되지 않아도 무방하다." 1990년대 초반 이미 외국인 특파원과의 대화에서 (오프 더 레코드라는 전제가 붙어있기는 하지만) 정부의 고위당국자가 통일을 바라지 않는다고 밝혔던 것이다.

비단 브린의 지적이 아니라고 할지라도 해마다 진행되는 통일연구원의 통일의식조사, 서울대학교 통일평화연구원의 통일의식조사, 지금은 중단되었지만 2009년부터 2016년까지 진행되었던 통일연구원의 통일예측시계 프로젝트, 그리고 빈번히 진행되는 통일에 관한 여론조사들은 우리 국민이 더 이상 통일을 간절한 목표로서 바라지 않고 있음을 명확히 보여준다.

시계라는 도구를 사용함으로써 가장 명시적으로 통일에 대한 국민의 기대치를 시각화 해 보여주었던 통일예측시계(12시가 되면 통일이 달성되는 것으로 보았다)의 경우 2009년에는 4시 19분(델파이패널, 합의형)이었던 통일시각이 2016년에는 오히려 3시 31분으로 후퇴하였다. 통일연구원의 2020년 통일의식조사에서는

"남북한이 전쟁 없이 평화적으로 공존할 수 있다면 통일은 필요 없다."는 설문항에 대해 통일 보다 평화공존을 선택한 응답자가 54.9%를 기록함으로써 전체응답자의 절반을 넘어섰다. 특히 젊은 세대일수록 평화공존을 통일보다 선호하며, 노령층에서만이 상대적으로 통일을 선호하는 성향이 발견된다.

그밖에도 "남북이 한민족이라고 해서 반드시 하나의 국가를 이룰 필요는 없다." "남북한이 하나의 국가가 아니더라도, 국민이 서로 왕래할 수 있고, 정치 경제적으로 협력한다면 그것도 통일이라고 할 수 있다."라는 설문항에 대해 긍정적으로 응답하는 경우가 늘어나고 있다. 조사 결과 전반적으로 한국 국민들은 통일이 국가에는 이익이 될지라도 개인에게는 별다른 이익을 가져다주지 못할 것으로 인식하고 있다는 것이 밝혀졌으며, 이는 결국 통일에 대한 부정적 태도로 직결된다.

이와 같은 변화의 이유는 여러 가지가 있을 수 있지만, 가장 강력한 원인 중 하나로 인구 구조의 변화를 지적하지 않을 수 없다. 한국의 대북정책, 혹은 통일에 가장 크게 관심을 갖고 영향력을 행사하고자 하는 집단은 누구일까? 여러 집단 중에서도 이산가족 혹은 실향민 집단이 가장 주요한 하나라는 것은 누구도 부인할 수 없을 것이다. 소위 '천만 이산가족'의 존재는 언제나 대북·통일 정책에 강력한 족쇄로 작용하여 왔다. 그러나 이산가족 1세대 생존자 수는 갈수록 줄어들어 2021년 현재 통일부에 등록된 13만여명 중 8만여명이 세상을 떠나고 생존자도 절반 이상이 80세 이상 고령이다. 70세 이상으로 계산하면 전체의 86.2%에 달한다(<그림 10> 참조).

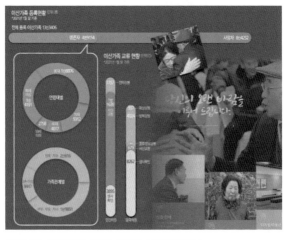

그림 10. 이산가족 현황 (출처) 디지털타임스

KBS가 특별생방송 '이산가족을 찾습니다'를 방영했던 것이 1983년의 일이다. 6월 30일 밤 10시 15분부터 11월 14일 새벽 4시까지 방송기간 138일, 방송시간 453시간 45분 동안 진행됐던 생방송은 전 국민의 심금을 울렸고, 2015년에는 유네스코 세계기록유산에 등재되기까지 하였지만, 지금은 "기록만 남았을 뿐 인걸은 간 데 없다." 이산의 아픔에 시달리며 헤어진 가족을 다시 만날 수 있기를 간절히 원했던 많은 사람들이 안타깝게도 꿈을 이루지 못한 채 세상을 떠난 것이다.

결국 통일을 바라는 국민의 숫자가 절대적 의미에서나 상대적 의미에서 모두 줄어들었고, 이는 정치지도자 집단이 더 이상 통일을 정책의 우선순위로 고려할 필요가 없어졌다는 것을 뜻한다. 이것은 매우 간단한 계산으로, 갈수록 줄어드는 분단 1세대와 통일에 대한 감정이 전혀 다른 분단 2세대 및 3세대를 감안할 때, 정부의 입장에서는 대북관계에서 더 이상 '통일'에 매달릴 필요가 없다는 결론을 도출해 낼 수 있다. 더불어 지나간 오랜 시간 동안 (가끔씩은 매우 우호적인 분위기가 조성되기도 하였지만) 지속되어온 북한과의 대립적이며 적대적인 관계, 북의 핵무기 개발 및 완성,

북한의 세습 독재 체제에 대한 혐오, 통일에 수반되는 비용에 대한 부담감 등의 요인들이 분단으로부터 한참의 시간이 지난 후 이 땅에 태어난 우리 국가의 새로운 구성원들로 하여금 통일에 대해 회의적인 견해를 갖도록 함으로써 북에 대한 정부 정책에 영향을 끼치고 있다.

다른 한편으로, 통일에 대한 부정적 견해의 확산은 우리가 그리는 통일의 모습 및 당위성과도 밀접한 관련이 있다. "우리가 그리는 통일은 무엇인가? 통일이란 반드시 영토적 통합에 기반을 둔 것이어야 하는가? '단일민족의 신화'는 통일의 당위성으로서 적합한 것인가?" 라는 질문에 우리는 답할 필요가 있다.

어떤 면에서 통일을 이루어 나간다는 것은 하나의 집단이라는 정체성을 확인하는 과정이다. 이는 자연스럽게 "하나의 정체성을 가질 수 있는 다른 방법이 있다면, 굳이 영토적 통합은 필요치 않다."라는 결론을 도출할 수 있게 한다. 또 오늘날 세상의 흐름, 특히 다문화주의와 지역통합의 움직임 등을 감안할 때 통일의 당위성으로서 '단일민족의 신화'를 제시하는 것 또한 적절하지 않다.

이러한 고찰은 북방정책이 왜 지금까지와 같은 변화의 궤적-즉 통일정책 및 외교·안보정책에서 국가전략으로의 변화-을 밟아 왔는지를 설명해줄 수 있을 뿐만 아니라, 앞으로 추구하게 될 정책적 방향성 까지를 예측할 수 있게 한다. 영토적 통합에 대한 집착으로부터의 탈피는 향후 북방정책이 대북/통일정책 혹은 외교·안보정책의 성격을 갖기 보다는 '국가전략'적 성격을 추구하게 할 것이며, 그 목표는 바로 '세계 일등적 지위'의 획득이 될 것이다. 그리고 언젠가 우리가 그 '세계 일등적 지위'를 성취하게 된다면, 우리가 성취한 '세계 일등적 지위'의 모습이 어떠한 것이든, 우리가 굳이 북한과의 영토적 통합에 매달릴 필요는 없게 될 것이다. 그러한 성취는 우리 스스로의 노력은 물론 우리를 둘러싼 많은 국가들과의 협력으로 가능할 것이며, 그러한 목표를 향해 협력 해 나아가는 길에 통일이 벼락 같이 다가올 수도 있겠지만, 그 모습이 꼭 '영토적 통합' 그 하나일 필요 또한 없을 것이다. 그리고 어쩌면 그것이 지금 우리가 바라는 통일의 모습일지도 모른다.

통일예측시계

○ 전반적인 합의형 통일시계

2009년	2010년	2011년	14-상	14-하	2015년	2016년
4:19	3:45	3:31	3:17	3:47	3:48	3:31
	-0:34	-0:14	-0:14	+0:30	+0:01	-0:17

○ 전반적인 한국주도형 통일시계

2009년	2010년	2011년	14-상	14-하	2015년	2016년
5:56	5:20	5:30	5:06	5:06	4:59	4:34
	-0:36	+0:10	-0:24	0:00	-0:07	-0:25

그림 11. 통일시계 (출처) 홍우택·김규륜·홍석훈·조원빈, 『2016년 통일예측시계』 (서울 : 통일연구원, 2016), p.38; p.43

통일예측시계란 무엇인가? 국책연구기관인 통일연구원은 2009년부터 2016년까지 통일예측시계 연구를 진행하였다. 소위 '통일시계'라고 불렸던 이 연구는 통일에 대한 우리 국민의 인식을 여러 차원에서 보여주는 동시에, 통일이 우리와 얼마나 가까이 있는지 혹은 멀리 있는지를 시계라는 도구를 이용해 쉽게 보여주었다.

12시에 다다르면 통일이 이루어지는 것으로 상정되었고, 통일의 유형은 크게 두 가지, 즉 합의형과 한국주도형(다른 말로는 흡수형)으로 구분하였다.

대한민국은 왜 북방을 꿈꾸는가?

통일시계가 가리키는 시각(時刻)의 도출은 델파이 기법이라는 연구방법을 사용하여 도출되었다. 연구자들은 표집 된 북한 관련 전문가들에게 다양한 질문을 하고 그 답변을 분석하였다. 이와 같은 연구는 북한 연구자 및 전문가 집단이 통일에 대하여 갖고 있는 다양한 시각(視角)을 집대성하는 기회가 되었으며, 통일 가능성을 수치화된 개념을 통해 시각적으로 표현함으로써 통일에 대한 일반 대중의 주의환기에 도움이 되었다.

통일시계 프로젝트는 중단 없이 지속적으로 진행되지는 않았다. 그림에서 볼 수 있듯이 2009년, 2010년, 2011년 2014년 상반기, 2014년 하반기, 2015년, 2016년의 7차례에 걸쳐 통일예측시각이 도출되었다. 2009년이 통일에 가장 가까웠으며, 이후에는 부침이 있었지만, 전반적으로 통일환경이 악화되었음을 확인할 수 있다. 마지막 연구가 이루어졌던 2016년의 합의형 통일시계는 3시 31분, 한국주도형 통일시계는 4시 34분을 가리킴으로써 통일에 이르기까지 우리가 가야할 길이 멀고도 험함을 보여주고 있다. 통일시계 프로젝트는 2016년을 마지막으로 중단되었으며, 지금은 통일의식조사가 그 자리를 대신하고 있다.

다양한 통일의 가능성과
주변국 설득의 필요성

제6장에서는 통일에 대한 인식 변화와 북방정책 궤적 변화의 연관성에 대해 이야기하였다. 우리가 바라는 통일이 꼭 '영토적 통합' 그 하나일 필요가 없다면, 우리가 바라는 통일의 모습은 어떤 것이어야 하는가? 그리고 그러한 통일을 달성하기 위해 우리는 어떤 노력을 기울여야 하는가?

우리가 바라는 통일의 모습에 대한 필자의 생각은 결론부를 위하여 남겨 두기로 하고, 본장에서는 우리가 통일을 달성하기 위해 반드시 기울여야 할 노력으로서의 주변국과의 협력에 대해 이야기하고자 한다. 북방과의 협력 추구 또한 이러한 노력의 일환이지만, 그보다 먼저 우리가 관심을 두어야 하는 것은 한반도의 운명에 긴밀하고도 직접적인 영향을 끼치고 있거나 끼칠 수 있는 '미국, 중국, 러시아, 일본'과의 협력이다. 우리는 왜 끊임없이 주변국, 특히 주변 4강을 신경 써

야만 하는가?

제6장의 마지막 부분에서 우리가 성취하고자 하는 세계 일등적 지위를 위해서는 "우리 스스로의 노력은 물론 우리를 둘러싼 많은 국가들과의 협력"이 필요하며, 그러한 협력의 노정(路程)에서 "통일이 벼락 같이 다가올 수도 있을 것"이고 그것이 꼭 '영토적 통합'의 모습을 갖출 필요는 없다고 주장한 바 있다.

그러나 우리에게 '통일' 하면 떠오르는 첫 번째 이미지는 여전히 영토적 통합이며, 만약 그와 같은 통일의 기회가 우리에게 왔을 때 그것을 현실화시키기 위해서는 다른 무엇보다도 우리 주변을 둘러싸고 있는 4대 강국의 협력 혹은 협조가 필수적이다. 주변 4강의 협력 없이는 우리에게 아무리 통일에 적합한 분위기가 형성된다고 할지라도 통일을 달성하는 것이 불가능한 까닭에 우리는 주변 4강에 신경을 쓸 수밖에 없다. 그러한 이유로 과거 통일을 위한 방법론으로서 '4대국 보장론, 2+4회담, 2+2회담'과 같은 주장들이 제기되었던 것이다.

한반도의 분단은 본질적으로 국제적이다. 따라서 통일 또한 국제적 일 수밖에 없다. 이와 같은 분단과 통일의 국제적 성격을 받아들인다면, 우리는 "어떻게 주변 국가들을 설득하여 통일을 이루어낼 수 있을 것인가?"라는 질문을 던질 수 있을 것이다. 그러나 주변 국가들을 설득하기에 앞서 먼저 주변국가들이 "한반도 통일에 대해 어떠한 인식을 갖고 있는가?"를 확인할 필요가 있다. 지피지기(知彼知己) 백전불태(百戰不殆). 우리가 무언가를 이루고자 한다면 가장 먼저 행해야 할 것은 상대방을 알고 나를 아는 일이다. 그래야 위험에 처하지 않을 것이기 때문이다.

먼저 지피(知彼), 즉 상대방에 대하여 알아보자. 한반도 통일에 대한 주변 4강의 반응을 검토할 때 공통적으로 발견할 수 있는 태도는 (동북아) "지역의 안정과 평화가 보장된다면 한반도의 통일에 반대하지 않겠다."는 것이다. 그 속마음은 어떻든지 간에 최소한 겉으로는 그렇다. 결국 주변국을 설득하기 위한 통일의 전제조건은 동북아 지역의 안정과 평화가 된다. 그리고 동북아 지역의 안정과 평화는 현상유지적 성격이 더 큰 까닭에 현상변경과 직결되는 한반도 통일과 배치되는 것으로 인식될 수 있다.

그러나 한반도 통일이 동북아의 안정과 평화에 도움

이 되지 않는다는 견해가 반드시 맞는 것은 아니다. 우리 입장에서는 오히려 이렇게 반문할 수 있다. "한반도의 통일 없이 어떻게 동북아의 지속적 안정과 평화가 가능한가?" 현재 동북아에서 진행되고 있는 미·중 갈등을 필두로 한 세력 변화의 움직임과 경제적으로 피폐하고 정치적으로 안정되지 못한 상태에서 핵을 갖고 있는 북한의 존재를 감안할 때, 동북아의 안정과 평화는 한시적 시한폭탄을 앞에 두고 있는 것과 마찬가지다. 주변 4강의 입장에서는 분단된 한반도를 전제한 현상유지를 바랄 수도 있겠지만, 핵을 가진 북한, 그리고 한반도 분단의 지속은 결코 동북아의 안정과 평화 유지를 위한 전제조건이 될 수 없다. 따라서 우리는 이러한 점을 파고들어 오히려 "한반도의 통일만이 지역의 안정과 평화를 확보할 수 있는 첩경"이라는 점을 내세울 필요가 있다.

하지만 어떠한 명분을 내세우더라도 주변 4강 모두로부터 한반도 통일에 대한 동의를 동시에 얻어낸다는 것은 쉽지 않은 일이다. 따라서 우리는 한반도 통일과 관련된 이해관계에 있어 한국과 주변 4강과의 관계를 역으로 해석해볼 필요가 있다. 즉 통일을 위해 우리가 주변 4강의 협력을 필요로 하는 것만큼이나 주변 4강도 자국의 국가이익 확보와 동북아의 안정 및 평화를 위해 한반도 통일이 필요하고 따라서 기꺼이 협조해야 한다는 것이다.

일반적 인식에 따르면, 미국과 일본이 가장 꺼려하는 것은 통일된 한반도에 친중적인 정권이 들어서는 것이고, 중국과 러시아가 가장 꺼려하는 것은 친미적인 정권이 들어서는 것이다. 또한 4강 모두 통일 이후에도 한반도에서 현재 자국이 행사하고 있는 영향력을 유지하고 싶어 한다. 미국이 통일 이후에도 주한미군을 지속적으로 유지할 것이라는 입장을 수시로 밝히고, 중국이 북한 카드를 결코 포기하지 않는 것은 바로 이러한 이유 때문이라고 해석할 수 있다. 우리는 이러한 각국의 입장을 인지하고 활용함으로써 이들 강국들을 압박하는 하나의 카드로 사용할 수 있다. 어떻게?

주변 4강이 바라는 것이 현재 한반도에서 유지하고 있는 영향력의 보존이라면, 그러한 영향력을 유지하는 가장 좋은 방법은 한반도의 통일에 적극적인 지지 세력의 역할을 자임하는 것임을 4강에 설득할 수 있을 것이다. 즉 한반도의 통일에 대한 지지 의견을 빨리

표명하면 할수록, 통일에 적극적으로 협조하면 할수록, 우리는 그 국가에 대해 우호적 감정을 갖게 될 것이고, 한반도가 통일 되었을 경우 그 국가가 누리는 영향력이 가장 커질 수 있음을 주변 4강에 전파하는 것이다.

물론 주변 4강이 우리의 주장을 진중하게 받아들이지 않거나, 오히려 반통일적 입장을 강화하고 나설 수도 있다. 그러나 이제 우리에게도 선택지가 생겼다. 그것은 우리가 주변 강국들, 특히 미국과 중국의 반응을 가늠하면서 스스로의 활동 반경을 넓힐 수 있는 여지가 커졌다는 것이다. 70년대 북한이 등거리 외교를 통해 소련과 중국 사이에서 외교적 성과를 이루어 냈듯이, 한국 또한 주변 4강의 반응에 신경을 쓰기 보다는 스스로의 전략목표를 설정하고 이를 성취하기 위한 독자적 노선을 개척할 필요가 있다. 고(故) 노무현 대통령의 표현대로 "변방의 역사, 의존의 역사를 벗어던지고, 동북아 시대의 중심국가"로서 스스로를 자리 매김할 필요가 있는 것이다.

그러나 여기에는 전제조건이 붙는다. 우리 스스로의 힘과 능력이다. 지기(知己)의 필요성은 바로 여기에서 제기된다. 우리 스스로의 힘과 능력에 대한 객관적이고도 정확한 판단에 기반을 둔 전략적 선택만이 실질적 작동과 효능을 담보할 수 있기 때문이다. 북한이 70년대 성공적인 등거리 외교를 펼칠 수 있었던 것은 북한이 갖는 지정학적 중요성 때문이기도 했지만, 동시에 군사력을 필두로 한 북한의 국력이 상당한 수준에 도달해 있었으며, 비동맹권에서의 활발한 외교활동을 통하여 비동맹 지도자로서의 입지를 어느 정도 구축하였기 때문이기도 하다. 우리 또한 지난 세월 동안 국력의 비약적 발전을 이룩하였으며, 세계 속에서 우리 국가의 위상 또한 낮지 않다. 그러한 역할과 인식 변화의 결과로서 등장했던 것이 '동북아중심국가, 동북아균형자, 중추적 중견국가, 동북아 중재자, 한반도 운전자론' 등과 같이 4강과의 관계 속에서 스스로의 역할을 강조하는 주장들이다.

여러 국제 협상의 사례가 보여주듯이 국가 간 협상의 승리자는 결국 자국의 가치를 높이는 국가였다. 한반도의 분단과 통일이 국제적인 성격을 갖고 있음은 부인할 수 없는 사실이지만, 이러한 이유 때문에 우리가 끊임없이 주변 4강을 의식하며 그들의 반응에만 신경 쓴다면, 이는 오히려 스스로의 행동반경을 제한하는 것에 다름 아니며, 통일은 영원히 달성하기 어려운 과업으로서 남아 있을 수밖에 없다. 따라서 한국 외교는 '중추적 중견국가론'에서 주장하고 있듯이, 스스로의 역할을 창출해 내고 적극적 행위자로서 상황을 이끌어 나가는 선도자의 역할을 추구할 필요가 있다. 특히 그것이 국제문제가 아닌 한민족 간의 문제인 경우, 더욱 더 그 명분과 수단은 우리에게 있기 때문이다.

이와 같이 전제할 때 주변 4강과 관련된 통일정책에도 일정 수준의 변화가 필요하다. 지금까지의 우리 정책은 지극히 수동적인 맥락에서 이루어진 측면이 있다. 즉, 한반도 통일에 대한 주변국의 태도 및 우려를 감안하여 그것을 설득시키는 논리를 개발하는데 치중해 왔다. 그러나 사고의 틀을 바꾸어 생각하면 오히려 "한반도의 통일은 어떤 면에서는 동북아의 번영과 평화를 위한 지름길"이다. 따라서 이러한 점을 감안한다면 우리는 좀 더 자신감 있게 통일정책을 추진해 나갈 필요가 있다. 비유를 들어 이야기하자면 "우리'만' 필요해서 통일을 해야 하는 것이 아니라, 너희들 '또한' 필요하기 때문에 통일을 해야 한다. 따라서 통일을 위한 너와 나, 즉 우리의 노력은 우리 모두를 위한 것이다."라는 논리를 개발할 필요가 있다는 것이다. 즉, 통일의 수혜자는 한국과 북한만이 아닌 주변 4강국 모두이며, 통일은 동북아와 세계평화를 위해 필수적인 까닭에, 우리는 이러한 대의적 목표 달성을 위해 함께 노력할 필요가 있음을 강력히 주장하고, 한반도 통일이 결코 지역의 안정과 세계평화에 부정적 요소로 작용하지 않을 것임을 꾸준히 설득해 나가야 한다. 그리고 이 과정에서 북한을 통일의 대상이나 목표로 삼거나 혹은 방관자로서 취급하는 것이 아니라, 한반도 통일이라는 목표를 위해 함께하는 동료이자 주체로서 끌어안고 나아가야 한다.

그렇다면 이어지는 다음 질문은 바로 "어떻게?" 이다. 우리는 어떻게 통일의 평화성과 공공성을 주변 4강에게 설득할 수 있을 것인가? 북한을 어떻게 끌어안을 것인가? 그리고 우리가 바라는 통일의 모습은 어떤 것인가? 제8장에서는 이에 관해 논함으로써 결론에 대신하고자 한다.

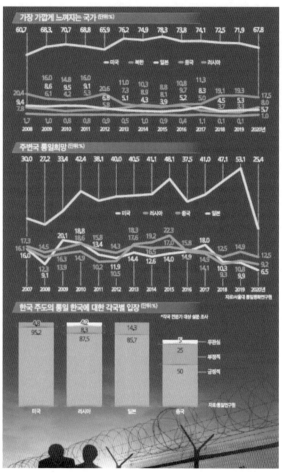

그림 12. 주변 4강이 바라보는 한반도 통일

대한민국은 왜 북방을 꿈꾸는가?

주변 4강이 바라보는 한반도 통일

통일과 관련한 여러 조사가 존재하지만, 가장 오래도록 꾸준히 진행되고 있는 조사 중 하나가 서울대 통일평화연구원이 매년 실시하고 있는 통일의식조사이다. 이 조사는 우리 국민들이 통일에 대하여 갖고 있는 인식들을 매우 다양한 각도에서 조망하고 있다.

그 중 하나가 우리가 주변 4강에 대하여 느끼는 친밀감인데, 이 조사가 시작된 이래로 '미국을 가장 가깝게 느낀다.'는 응답이 1위 자리를 내준 적이 없다. 물론 친밀감의 정도는 변화가 있었지만 미국은 부동의 1위이다. 그 뒤를 이어 북한 〉중국 〉 일본 〉 러시아 순서의 호감도를 보여주는데, 2위, 3위, 4위는 조사가 행해진 해에 따라 서로간의 자리바꿈이 발생하기도 한다(〈그림 12〉 참조).

다음으로 주목할 만한 것은 주변 4강중 한반도의 통일을 바라는 국가의 순위인데, (2020년 기준으로) '한반도 통일을 바라는 국가'의 순위는 미국 〉 러시아 〉 중국 〉 일본이고, '한반도 통일을 바라지 않는 국가'의 순위는 '일본 〉 중국 〉 러시아 〉 미국'의 순위이다(〈그림 12〉참조).

이와 같은 결과는 우리 국민들이 한반도 통일과 주변 4강에 대하여 어떠한 인식을 갖고 있는지를 보여주지만, 문제는 정작 주변 4강이 한반도 통일에 대하여 어떻게 생각하고 있는지 그 국가의 정책결정자들이나 일반 국민들을 대상으로 진행된 조사를 찾기가 힘들다는 것이다.

그러한 시도가 이루어진 매우 드문 경우 중의 하나가 통일연구원이 2012년과 2013년에 걸쳐 진행했던 [한반도 통일 공공외교 추진전략] 프로젝트이다. 이 연구의 결과물 중 하나가 각국 전문가를 대상으로 한국 주도의 통일에 대한 입장을 물은 것인데 (〈그림 12〉 참조) 조사의 결과 한국주도의 통일에 대해 '미국 〉 러시아 〉 일본 〉 중국' 순으로 긍정적 입장을 표명하였음을 확인할 수 있었다.

이러한 결과는 대한민국 국민을 대상으로 한 설문조사의 결과와 비슷하면서도 다르다. 그러나 한 가지 주목할 만한 것은 대한민국 국민을 대상으로 한 설문조사에서나 주변 4강의 전문가를 대상으로 한 설문조사 모두에서 한반도 통일에 가장 긍정적 태도를 갖고 있는 국가로 '미국'이 선택되었고, 그 다음으로 긍정적인 국가가 '러시아'라는 사실이다. 이는 통일을 향한 '길고도 험한 여정'에서 우리가 어떤 국가를 집중적으로 공략할 것인가에 대한 하나의 힌트가 될 수 있을 것이다.

08

결론: 평화, 통일,
그리고 문화

필자는 일곱 개의 장에 걸쳐 '우리가 의미하는 북방, 우리가 북방을 꿈꾸는 이유, 북방정책 탄생의 배경과 발전의 과정, 우리 국가의 성장과 정책 목표의 변화, 세계일등적 지위를 향한 도전, 그리고 통일을 향한 우리의 심정적 태도' 등에 관하여 이야기했다. 그리고 제7장에서는 다양한 통일의 가능성과 통일을 달성하기 위한 주변국 설득의 필요성에 대하여 논하였다. 필자가 마지막으로 제기한 질문은 "우리가 바라는 통일의 모습은 어떤 것인가?"라는 것이었다. 이 질문에 답하기 위해 필자는 대한민국 국민이라면 누구나 기억하고 있을 소중한 두 가지를 과거로부터 불러내고자 한다. 하나는 독립선언서요, 다른 하나는 '나의 소원'이다.

　1919년 3월 1일, 민족대표 33인은 조선의 독립을 국내외에 선언한 독립선언서에서 "威力의 時代가 去하고 道義의 時代가 來하도다. 過去 全世紀에 鍊磨長養된 人

道的 精神이 바야흐로 新文明의 曙光을 人類의 歷史에
投射하기 始하도다."라고 선언하였다. 도의와 인도적 정
신의 시대, 바로 홍익인간(弘益人間)의 건국이념을 전
인류에 투사(投射)하고자 하는 장엄한 일성이었다.

독립선언서와 3.1 만세운동은 미완의 혁명에 그쳤으
나, 그 정신은 면면히 이어졌다. 그중 가장 주목할 만
한 것은 백범 김구의 글 '나의 소원'이다. 백범은 한민
족의 역할을 문화에서 찾고자 하였다. 백범이 세상을
향하여 크게 외친바, "내가 원하는 우리 민족의 사업
은 결코 세계를 무력으로 정복하거나 경제력으로 지배
하려는 것이 아니다. 오직 사랑의 문화, 평화의 문화로
우리 스스로 잘 살고 인류 전체가 의좋게 즐겁게 살도
록 하는 일을 하자는 것이다. 어느 민족도 일찍이 그
러한 일을 한 이가 없었으니 그것은 공상이라고 하지
말라. 일찍이 아무도 한 자가 없기에 우리가 하자는
것이다. 이 큰일은 하늘이 우리를 위하여 남겨놓으신
것임을 깨달을 때에 우리 민족은 비로소 제 길을 찾고
제 일을 알아본 것이다."

독립선언서, 그리고 백범의 '나의 소원'은 우리가 추
구하는 통일의 모습이 어떠한 것이어야 하며, 어떠한

방향성을 추구해야 할지를 명확히 보여주고 있다. 바로 '문화'와 '평화'가 중심이 되는 통일이다.

문화란 무엇인가? 다양한 정의가 가능할 것이나 필자는 UNESCO의 정의를 빌려오고자 한다. "문화는 사회와 사회 구성원의 특유한 정신적·물질적·지적·감성적 특성의 총체로 간주해야 하며, 예술 및 문학 형식 뿐 아니라 생활 양식, 함께 사는 방식, 가치 체계, 전통과 신념을 포함한다." 이를 좀 더 단순화시키자면 '문화란 한 사회의 주요한 행동 양식이나 상징 구조'를 뜻한다. 따라서 문화를 지배한다는 것은 그 사회의 정신과 행동을 지배한다는 뜻이다.

상기한 문화에 대한 정의는 2001년 11월 프랑스 파리에서 개최된 제31차 UNESCO 총회에서 채택된 'UNESCO 문화 다양성 선언'에서 빌려온 것이다. UNESCO는 문화적 다양성이 인류 공통의 유산임을 강조하면서, 문화 다원주의를 통해 문화 다양성을 실현함으로써 문화 교류와 공공의 삶을 지탱해 주는 창조적 역량을 풍성하게 하는데 이바지할 수 있을 것임을 강조하였다. 이 선언의 목적은 소위 '다문화시대'를 살아가기 위한 우리의 자세를 강조함으로써 다양한 문화집단 간에 격렬

한 정체성의 충돌이 일어나는 것을 방지하고자 하는 것이었다.

서로 다른 문화란 단지 다를 뿐, 옳고 그름 혹은 우월함과 열등함의 문제가 아니다. 그러나 오랜 세월 동안 문화적 다름은 다양성의 차원에서 인정받지 못하고 옳고 그름 혹은 우월함과 열등함의 문제로 전화(轉化)되어 갈등과 반목의 요소로 작동해 왔음을 부인할 수 없다. 그렇지만 우리가 서로 다르다고 주장하는 문화는 어떤 면에서는 지구와 인류라는 거대한 문명의 지붕 아래에서 그 서 있는 위치에 따라 그저 조금 다른 모습을 표출하고 있을 뿐, 본질적으로는 많은 부분을 공유하는 닮은꼴일 뿐이다. 필자가 이해하는 문화란 (인류와 지구) 문명이라는 커다란 지붕 아래 표출된 서로 다른 여러 집단의 개별성과 독특성이다. 우리가 접하는 다양한 문화들은 개별적으로 존재하는 것이 아니라 서로가 공유하는 유사점과 맞닿은 접점 속에서 통시적이고 초공간적이며 집합적이고 융합적으로 존재하기 때문이다. 그리고 바로 여기에 우리의 나아갈 길이 있다.

필자가 그리는 통일은 이러한 문화적 접점을 파악하고 연결하여 확장함으로써 굳이 영토적 통합에 집착하지 않으면서도 서로의 존재를 인식하고 인정하며, 우리는 같은 사람이라는 정체성을 공유하는 가운데 함께 살아가는 세상이다. 문화적 접점의 파악과 연결, 그리고 확장을 통해 우리는 한반도 통일을 넘어서 세계 사회의 일원이 되기 위한 바탕을 마련할 수 있을 것이다. 그것은 문화공동체, 문화 허브, 문화 포탈... 혹은 그 무엇이 되었든 문화에 바탕을 둔 정체성의 공유를 바탕으로 하며, 이러한 정체성의 형성과 공유는 새로운 문화공동체, 더 나아가 문명공동체의 창발(創發)로 이어질 수 있을 것이다. 그 과정에서 영토적 통합이 발생한다면 그것을 마다할 이유 또한 없을 것이다.

문화는 또한 평화이다. 백범은 '나의 소원'에서 또한 "나는 우리나라가 남의 것을 모방하는 나라가 되지 말고 이러한 높고 새로운 문화의 근원이 되고 목표가 되고 모범이 되기를 원한다. 그래서 진정한 세계의 평화가 우리나라에서, 우리나라로 말미암아서 세계에 실현되기를 원한다. 홍익인간이라는 우리 국조(國祖) 단군의 이상이 이것이라고 믿는다."라고 주장하였다.

문화세계의 구현을 통한 세계 평화의 실현은 우리의 통일이 나아가야 할 방향이기도 하다. 통일의 또 다른 모습은 바로 평화이기 때문이다. 평화는 통일의 과정일 수도 있고, 방법일 수도 있으며, 목적일 수도 있다. 우리가 통일하고자 하는 것은 행복하고 평화롭게 살기 위함이다. 따라서 그 과정과 방법, 그리고 목적 모두가 '평화'에 바탕을 두어야 한다.

'평화'와 '통일'은 하나일 수도 있고 둘일 수도 있다. 과거의 우리는 '평화통일'을 주장하였고, 이는 '평화적 방법에 의한 통일'을 의미하였다. 지금의 우리는 '평화와 통일'을 바라보고 있다. 통일도 중요하지만, 그에 못지않게 평화 또한 중요하기 때문이다.

이와 같은 '평화와 통일'의 목표를 달성하기 위해 우리는 주변 4강을 비롯한 동북아, 유라시아, 나아가서는 세계의 모든 국가들과 협력해야 한다. 그리고 지금 현재로서 우리가 바라보는 우선적 협력의 대상은 한반도를 포함한 동북아와 유라시아, 즉 북방이 되어야 한다. 그것은 휴전 이후 지금까지 우리의 세계진출이 주로 바다와 하늘을 이용한 것이었기에, 이제 가보지 않은 길, 즉 땅을 딛고 세계로 나아가는 북방에의 길을 개척할 필요가 있기 때문이며, 그 길은 한 때 우리가 세계와 소통하던 길이기 때문이다.

대한민국은 왜 북방을 꿈꾸는가?

'평화와 통일', 그리고 '문화세계'로 향하는 이 길을 걸음에 있어 우리가 염두에 두어야 할 것은 무엇인가? 그리고 어떻게 다른 이들의 도움을 이끌어 낼 수 있을 것인가? 가장 중요한 것은 알리는 것이다. 무엇을? 바로 우리가 '평화를 사랑하고, 타인을 존중하며, 각자 다른 속에서도 여러 가지를 공유하고 있는 하나이자 다수'라는 것을 널리 알리는 것이다. 그리고 그와 같은 널리 알림의 주체는 우리 국가와 국민 모두가 되어야 한다.

국가의 몫은 소위 '공공외교'를 통해 실행되고 있다. '공공외교'란 정부가 주도가 되어 실행하는 다른 국가의 국민들을 향한 우리 국가의 매력의 투사를 말한다. 이 공공외교가 훌륭히 수행될 때 우리 국가를 향한 타국의 호감과 협조는 증가할 수 있다. 소프트 파워의 증진이다. 매력의 향상과 소프트 파워의 증진은 오늘날 모든 국가가 바라는 것이기도 하다.

국민의 몫은 '한류'가 그 역할을 훌륭히 수행해 내고 있다. 오늘날의 한류는 소수에 의한 애호(愛好)의 수준을 벗어나 이제 보편적 현상에 근접했으며, 그 무엇보다 훌륭히 '우리나라 대한민국'의 문화를 세계에 널리 알리고 있다. 그리고 한류를 사랑하는 세계인의 숫자가 늘어나면 늘어날수록 한국과 한국인에 대한 이해 또한 커질 것이고, 한국과 한국인에 대한 이해가 커지면 커질수록 '평화'와 '통일'을 향한 우리의 발걸음은 더욱 가벼워질 것이다. 그리고 우리는 이 길을 걸어 나감에 있어 지금까지 잘 해 왔던 것처럼 앞으로도 잘 해 나갈 수 있을 것이다.

지난 2006년 광복 60주년을 맞아 학계에선 의미 있는 시도가 있었다. 우리 국가의 걸어온 궤적을 돌이켜 검토하여 그 특징을 파악하고 그것에 근거하여 미래의 발전방향을 계획하는 것이었다. 그 시도에 참여하였던 일단의 학자들이 도출한 키워드는 "역동적 균형"이었다. 그들은 역동적 균형에 대하여 이렇게 말한다. "역동적 균형의 구성원리라 함은 쉽게 말해 '이것이냐 저것이냐'의 양자택일의 방식과는 다른 결합의 논리를 뜻한다. 언뜻 보아 양립이 어려운 것처럼 보이는 두 가지 가치를 결합하여 독특한 공생의 시너지 효과를 내는 방식을 가리킨다. 다시 말해 역동과 균형의 상호보완적 결합을 뜻한다(한상진 외, 2006)."

우리가 역동과 균형의 상호보완적 결합을 통해 오늘날의 발전을 이루어 냈듯이, '평화'와 '통일'의 창조적 결합을 통한 문화세계의 창출 또한 이루어 낼 수 있을 것이다. 역사 속에서 우리는 스스로 문화민족임을 자부해 왔으며, 인류에 대한 헌신의 자세를 견지해 왔다. 우리 민족의 건국이념인 '홍익인간'과 '경천애인'은 우리 역사 속에 도도히 흐르는 인본주의의 명확한 상징이며, 이러한 인본주의는 문화와 평화에 대한 사랑에 근거하고 있다. 멀지 않은 과거 우리가 감내해야 했던 불행한 역사의 일부분인 일제의 침탈 하에서도 우리는 평화애호의 자세와 문화를 향한 열망을 한 순간도 포기한 적이 없다. 역사 속에서 우리 민족은 '문화'의 힘을 높이 평가하였으며, 스스로 평화를 사랑하는 문화의 힘을 갖춘 사람이 되고자 하였다.

따라서 이러한 문화에 대한 사랑은 새로운 세기에 새로운 모습으로 우리에게 다가올 것이다. 북방은 그러한 목적지를 향한 여정에서 만나는 여러 갈래의 길 중 하나이며, 중요한 협력의 대상이다. 그것이 바로 우리가 '북방 문화와 맥을 잇'고자 하는 이유이다. '평화와 통일'을 향한 우리의 여정이 오직 순조롭기를 기원한다. 지금까지 읽어 주신 독자제현의 관심과 사랑에 깊이 감사드린다.

공공외교

다른 나라 그리고 다른 나라 국민과의 협력을 위해서는 우리의 정확한 모습을 알리고 우리의 매력을 발신함으로써 우호적 분위기를 조성할 필요가 있다. 공공외교는 이러한 과정에서 중요한 역할을 담당한다.

공공외교란 무엇인가? 한국 공공외교의 대표단체인 한국국제교류재단은 공공외교를 다음과 같이 정의하고 있다. "공공외교란 국가가 직접 또는 지방자치단체 및 민간부문과 협력하여 문화, 지식, 정책 등을 통하여 대한민국에 대한 외국 국민들의 이해와 신뢰를 증진시키는 외교활동을 말한다."

공공외교의 핵심은 국가가 주도한다는 것이지만, 오늘날의 공공외교는 그 주체를 민간으로 까지 넓혀가고 있다. 한국국제교류재단, 한국국제협력단(KOICA) 등은 우리 공공외교의 주요 주체이며, 전 세계에 한국과 한국문화를 알리는데 커다란 역할을 담당하고 있다. 그러나 신북방지역에서의 활동은 다른 지역에 비해 상대적으로 미미하다.

KOICA가 지원하고 있는 우리 정부의 중점협력국 24개국 중 아시아지역국가는 11개국이다. 그러나 그 중 신북방 대상 국가는 몽골 단 하나에 불과하다. 한국국제교류재단의 공공외교네트워크 18개 중에는 우크라이나와 조지아가 포함되어 있으며, 한중미래포럼과 한러정경포럼이 운영되고 있다.

공공외교의 또 다른 주요 기관으로 세종학당이 있다. 한국어를 배우고 한국문화를 체험할 수 있는 세종학당은 2021년 현재 76개국에 213개소가 설치되어 있다. 유럽과 아시아에 설치된 세종학당은 167개소이며, 그 중 신북방대상 국가 14개국에는 [러시아(11), 몽골(3), 벨라루스(1), 아르메니아(1), 아제르바이잔(1), 우즈베키스탄(2), 우크라이나(1), 조지아(1), 카자흐스탄(3), 키르기즈공화국(5), 타지키스탄(1), 투르크메니스탄(1)]의 31개소가 설치되어 있다. 전체의 비중으로 볼 때 결코 많다고 할 수 없는 숫자이며, 이들 지역에 대한 투자와 집중이 늘어날 필요가 있음을 보여준다.

북방지역에 대한 우리의 관심이 소홀함은 한류와 관련해서도 드러난다. 한류는 민간의 힘으로 우리의 문화를 세계에 알리고 있으며, 북방지역에서의 한류 인기 또한 작지 않다. 그런데 현실은 북방지역에서의 한류 실태마저 명확히 파악하지 못하고 있다. 단적인 예로서 문화체육관광부를 주무부처로 설립된 [한국국제문화교류진흥원]은 해마다 '해외한류실태조사'를 시행해 오고 있다. 그 조사 대상은 5개 권역 18개국인데, 여기서도 중국과 러시아를 제외한 북방지역은 포함되어 있지 않다.

이러한 상황은 북방과 북방문화에 대한 우리의 이해와 관심이 아직은 미미하다는 것을 잘 보여주며, 향후 지속적 협력과 투자를 통해 북방과의 상호 이해와 협력을 증진해 나갈 수 있을 것이다.